いま君に伝えたいお金の話

村 上 世 彰

幻冬舎文庫

目次

2 お金と世の中の関係　プライスタグから世界が見える　43

3 君がお金を手にする方法　69

イラストレーション　山下航

DTP　美創

はじめに

みなさん、はじめまして。村上世彰《むらかみよしあき》です。

僕は「投資家《とうしか》」という仕事をしています。投資家というのは、お金を増やすのが仕事です。どうすればお金が一番増えるかというメカニズムを、誰よりも理解している、つまり、お金について誰よりもよく知っている、お金のプロだという自負《じふ》を持っています。

そんな僕が、この本を書いたのには理由があります。

「子どもはお金のことなんて考えなくていい」

そう考える大人が、この国には少なくありません。

その証拠に、日本の学校ではお金のことをほとんど教えていません。国語や算数や数学や理科や社会の授業はあっても、お金の授業をやっている学校はほとんどありません。

僕自身は、子どもがお金の勉強をするのはいいことだと思っています。大人になったら、誰もが生きていくためにお金と付き合う必要が出てくるのだから、お金の勉強をするのに早すぎるということはない。むしろ、できるだけ早いうちからお金について考える習慣をつければ、その分、お金に関して「しなくていい苦労」が減るはずです。

僕に、お金についていろいろと教えてくれたのは父です。

父の一番の口癖《くちぐせ》は「お金は寂《さび》しがりやなんだ」ということ。お金を増やすプロとしてかれこれ20年ほど経《た》ったいまでも、その言葉を思い出し、本当にそうだなと思います。

父の説明を借りれば、お金は一人でポツンといるのが嫌いなんだ、と。お金は仲間のいるところに行きたがる。だから一人が二人になり、二人が三人になり……と仲間が増えはじめると、一気にドドッ、ドドドドドッと集まってくるんだ、と教えてくれました。

父はお金について、僕が小さな頃からとてもオープンに、とてもわかりやすく、教育してくれました。

僕は物心《ものごころ》つく頃からそうやってお金に慣《な》れ親しんで育ち、10歳のときには父親から、僕が大学を出るまでのおこづかいをまとめていっぺんにもらって、そのお金でさいしょの株式投資《かぶしきとうし》をしました。それからは毎日、日経《にっけい》新聞を読んだり、会社のことがいろいろと書いてある「四季報《しきほう》」という本を読み込んだりして、お金とその流れについていっぱい勉強しました。僕はお金について新しいことを知ったり、社会とお金の関係を考えたりすることがとても楽しくて、大学を卒業する頃には「お金」についてかなり得意になっていました。経済がぐんぐん成長していた時代だったこともあって、投資を続けた僕の資産《しさん》は10歳の頃から計算すると大学卒業時には100倍くらいにまで増えました。自分で勉強したり考えたりして投資をし、その結果、僕のお金が増えると、クイズに正解したときのような楽しさがありました。

僕は父のおかげで、早くからお金との付き合い方を学び、自分でもものすごくお金のことを勉強した結果、これまでお金といい関係をつくってくることができたと思っています。

僕はお金が大好きです。お金は自由をくれるし、やりたいことをやらせてくれる。上手に使えば、お金は君の幸せをサポートしてくれる。そしてさらには、周りの人を助けたり、世の中をより良い場所に変えたりすることができるから。

その大好きなお金を使って、僕は投資家という仕事をしています。何かをやりたいのにお金が足りない、というような人や会社にお金を提供するというのが仕事です。世の中には僕以外にも多くの「投資家」がいて、誰かの夢をカタチにしたり、会社が事業《じぎょう》を続けていくためのお手伝いをしたりしています。「投資」がいつも世の中を素《す》敵《てき》にする結果に結びつくとは限らないけれど、投資家をしていていつも強く感じるのは、お金には周りを巻き込み、社会を豊かにする力があるということです。

社会を豊かにするためには、お金が社会のなかをめぐることがとても大切です。この「お金の流れ」を止めてはいけない。詳しくは追って話をしますが、僕は君に、「稼いで貯めて、回して増やす」というお金との付き合い方を伝えたいのです。増えたお金はまた回す。「回す」というのは、自分の幸せのためにお金を使ったり、増やすために投資をしたりして、自分の手元から一旦放すこと。稼いだお金のすべてを手元に貯め込んでしまうと、「お金の流れ」がストップしてしまいます。

「お金が大好き！」と大きな声でいうことに眉《まゆ》をひそめる人もいるかもしれません。でも、君たちは、お年玉をもらったとき、おこづかいをもらったときに、「やったー！」と、嬉《うれ》しい気持ちになりませんか？　もらったお金で何を買おうか考えたり、どれくらい貯まったかを考えてワクワクしたりする気持ち。お金に対してそういう気持ちを持つことを、僕はとても大事なことだと考えています。

誰だって、生きるうえでお金が必要だし、お金なくして生きることはできません。いうなればお金は、生きていくうえで欠かすことのできない「道具」です。道具は上手に使うことができれば、自分も含め、人を楽しませたり喜ばせたり幸せにしたりすることができる。

お金は生きるうえで手放すことができない道具だから、上手に付き合いたい。できることなら、その道具で何ができるだろうと、楽しく、ワクワクする気持ちを持ちながら付き合いたい。そのためにも、道具のことをよく理解し勉強し、早くからたくさん触《ふ》れること、慣れること、使い方を学ぶことが必要だと思います。

「お金」の話を進める前に、絶対に覚えておいてほしいことがあります。それは、お金が凶器《きょうき》に変わるときの話です。「道具」だからこそ、使い方を間違えると自分や周りの人を傷つける凶器にもなってしまうのです。

人から借りたお金は簡単に「凶器」となりえるということ。これは、忘れないでください。

僕は、お金を人から借りるのが大嫌いです。理由は簡単で、何があっても返さなくちゃいけないから。返せないかもしれないお金を借りて、返さなくちゃいけないと思い続けるのは、本当に苦しい。そして万が一予想外のことが起きて返すべきお金を返すことができなくなったとき、それは君だけではなく周りまで巻き込み傷つける、恐ろしい凶器に変わってしまうのです。

僕はお金によって、幸せを得た人もたくさん知っていますが、人生が狂ってしまった人、お金持ちだったのに使い方を間違えて自分も周りも傷だらけになってしまった人、立ち直れないほどのダメージを受けてしまった人も、たくさん知っています。

多くのケースを見て思うのは、早くから「お金」について学んで親しんでいる人のほうがお金との付き合い方が上手で、多い少ないにかかわらず、お金に振り回されない生き方ができているということです。

だからこの本では、そもそも「お金って何だろう」というところから、お金を稼ぐ方法、使い方といった、お金との付き合い方、そしてお金の持つ力について話をします。お金の使い方としては、「自分の幸せのために使う」ことと、「社会や人のために使う」ことのふたつを紹介しています。「社会や人のために使う」ことは簡単にはできないし、自分の生活が満たされた次のステップの話です。僕自身、社会や人のためにと積極的にお金を使うことの素晴らしさや意義に気が付いたのは40代になってからです。でも、もっと早くにそういう使い方を知るきっかけがあったらよかったな、とも思います。だからこそ、君たちには、早い段階でそういう使い方もあるということを知っておいてほしくて書きました。この本が、君たちがお金をうまく使って幸せな人生を送るための手助けやきっかけになったらいいなと思っています。

繰り返しになりますが、残念ながら、日本ではなかなか子どもの頃に「お金の教育」を受けるチャンスがありません。僕がお金と上手に付き合えるようになったのは、小さな頃からオープンに堂々《どうどう》と「お金」の話をし、「お金」についていろいろなことを考えたり勉強したりする機会をくれた父のおかげです。僕はいまの日本を見ていて、「もっとみんなが上手にお金と付き合えるようにならないと、この国がダメになってしまう」と危機感を覚えています。そこで、父から教わったこと、そして僕自身がお金のプロとして学んできたことを、日本の子どもたちに伝えていこうと思いました。これからの日本を支えていくであろう一人でも多くの子どもたちが「お金」を好きになり、上手に付き合えるようになってほしい。一人一人の意識の変化が、いずれ世の中を大きく変えると信じています。

この本は、僕がこれまでいくつかの学校で行った「お金の授業」のなかから本当に伝えたい話をまとめました。

より良い人生、より良い社会のために、本書が役に立つことを願って。

1

お金って何だろう？

お金のことを知って
お金に強くなる

お金は便利な「道具」である

「お金」という言葉を聞いたときに、どんなイメージが頭に浮かぶだろう？
お金持ち？
お金儲《もう》け？
札束《さつたば》？
悪いもの？　汚いもの？
ブランドもの？
もしくは幸せ？　不幸？

ある学校で授業をしたときに、こんな質問をしてくれた子がいました。
「もしお金がない世界があったら、そっちのほうがいいと思う。なぜなら、お金をめぐって人が争《あらそ》ったり、悪いことをしたりするから。お金さえなければ、そうした悪いことも起きないのではないか」

そのとき、僕はハッとしました。彼女はお金という言葉を聞いて「悪《あく》」をイメージしている……。

たしかにお金が争いの原因になることはあるけれど、そもそもお金にはいいも悪いもない。お金が悪いわけではない。まずはその誤解《ごかい》を解《と》かなくてはいけないと思いました。

そこで僕はこんなふうに説明を始めました。

「そもそもお金はどうして、そしていつできたんだろう？」

お金は自然界にさいしょからあったものではありません。

人間が発明したものです。

ずっと昔、人間が物々交換《ぶつぶつこうかん》をしていた頃。Aさんはいのししの肉を、Bさんは魚を持っている。Aさんが魚を、Bさんがいのししの肉を欲《ほ》しいなら、AさんとBさんが物々交換をすればいい。ところが、Aさんは魚を欲しいけれど、Bさんは豆を欲しかった。このように単純な物々交換が成り立たないときに「お金」の原型が生まれたといわれています（お金の起源《きげん》については諸説《しょせつ》あります）。

たとえば古代中国では、貝殻《かいがら》が使われていたといわれています。Aさんは Bさんの魚を貝殻3枚で手に入れたかもしれない。Bさんはその貝殻を使って豆を手にできたかもしれない。

こんなふうに「お金」という道具が介在《かいざい》することによって、モノの売り買いが便利になった。モノに関してその価値を知る基準《きじゅん》もできた。また、「お金」を使わないで貯めておくこともできるようになった。こうした「お金」の誕生によって、モノの売り買いはたくさんの人たちの間で複雑に行われるようになり、そのやり取りは爆発的に増え、社会に豊かさをもたらしました。

まとめると、お金には「何かと交換できる」、高い安いがわかる「価値をはかる」、そしてお金のカタチでとっておける「貯める」という3つの機能《きのう》があるのです。

質問をしてくれた彼女に伝えたかったのは、「お金」はこうした機能を持った便利な道具以上でも以下でもない、ということ。「お金」そのものは、悪いものでもいいものでもないのです。お金が原因で問題が起きるとしたら、それは、「お金」そのものに問題があるのではなく、そのお金を扱《あつか》う人やその扱い方に問題があるときです。

お金には3つの機能がある!

① 何かと交換できる

② 価値をはかることができる

③ 貯めることができる

豆が欲しいから、
肉は結構。

たしかに、「お金」をめぐる争いはあちらでもこちらでも起きています。でも、それは、「お金」が悪さをしたからではありません。お金の力に惑《まど》わされた人々が勝手に争ったり悪いことをしたりしているだけなのです。

残念ながら、日本では「お金＝汚いもの」「お金＝悪いもの」という感覚が広く根づいています。メディアでも、お金をたくさん稼ぐことが「悪いこと」のように報じられることが多々あります。僕自身が批判の対象になったときには「日本ではこれほどまでにお金のイメージが悪いのか」と、改めて海外との違いを感じました。いまだに僕は、その違和感を抱いています。

「お金＝汚いもの」とすることで、幸せの基準がお金そのものにならないようにしているのかもしれません。なぜ日本人がお金を汚いものと考えるようになったのか。そこには歴史的な背景があるようです。いろいろな説があって面白いので、ぜひ自分で調べてみてください。

僕からすれば、「お金＝汚いもの」「お金＝悪いもの」というとらえ方は、お金の本質をわかっていないことが原因のように見えます。お金は道具でしかない。そのことを理解していれば、お金を意味なく嫌ったり、汚いものと思ったりはしないはずです。

お金はカタチを変えてきた

話を元に戻して、お金のカタチが時代によって変化してきたことについて話を続けたいと思います。石や貝殻がお金として使われていた時代から、やがて金貨や銀貨、銅貨が生まれ、そして紙幣《しへい》が誕生します。

いま日本でお金といえば、1円玉、5円玉、10円玉……千円札、1万円札などがありますが、たとえば千円札の製造原価《せいぞうげんか》がいくらくらいかわかりますか？　わずか十数円。いってみれば単なる紙切れです。でも1000円と書いてある紙切れは、日本国内どこへ行っても、1000円分のモノやサービスと交換することができます。

じゃあ、君が紙に1000円と書いてお店に持っていったらどうだろう？　なんで同じ1000円と書かれた紙切れなのに、君の紙切れは使えないのだろう？

1000円と書かれた特別な紙切れがどこへ行っても1000円の価値を持っているのは、日本銀行がその価値を保証しているからです。君が紙切れに1000円と書いても、1000円のモノと交換できないのは、その紙切れが日本銀行によって保証されていないから。日本銀行が保証した紙切れは、いろいろな細工がしてあって、簡単に偽物を造ることができないようになっています。ちゃんと保証されていることがわかる特別な「紙切れ」がお札です。そのお札だけが、どこへ行っても1000円の価値を持つのです。

日本銀行というのは、日本の中央銀行のことです。国にはそれぞれ中央銀行があります。アメリカならアメリカの中央銀行がアメリカドルの、韓国なら韓国の中央銀行がウォンの価値を保証しています。国に対する「信用」の上に、円もドルもウォンも価値が保《たも》たれているのです。

でも、「日本国内どこへ行っても」と書いたとおり、1000円が1000円の価値を持つのは、日本でそのお金を使う場合に限られます。日本の中央銀行がその1000円の価値を保証できるのは、日本国内においてのみ。1000円をアメリカで使おうと思ったら、君は1000円をドルに交換しなくてはいけない。面白いことに、お金にも値段がついていて、これが「為替《かわせ》レート」と呼ばれるもの。このレートは世界における国の信用度や力関係など、さまざまな要因で毎日変わっています。だから、

1ドル＝110円だと
1000円（≒9.09ドル）あれば
9ドルの本が買える！

1ドル＝112円だと
1000円（≒8.93ドル）あっても
9ドルの本が買えない！

昨日は1ドルを110円で買うことができたのに、今日は112円払わなければ1ドルを買えない、なんてことになって、君の1000円は9・09ドルになったり8・93ドルになったりする。同じ1000円を持っていても、今日は9ドルの本を買うことができたのに、明日は買えなくなってしまう。いまはインターネットの発展によって、昔とは比べものにならないくらいモノも人も国境を越えて動いています。だから、「お金」について考えるときに、君の1000円の価値が世界中で毎日変化していることを知ることも大切です。

最近では、新しいお金も誕生しています。仮想通貨《かそうつうか》です。一番有名なのはビットコイン。これまでのお金と大きく違うのは、硬貨や紙幣という物質的な「お金」ではないこと。そしてどの国の保証もないところ。これはとても面白くて、君が紙切れに1000円と書いたものを誰かが保証してくれて、本当に使えるようになってしまうようなものです。現在の仮想通貨の場合には、各国の中央銀行の代わりにブロックチェーンという新しいインターネット上のテクノロジーがその価値を保証する仕組みになっています。

現時点では、仮想通貨が本当に僕たちの暮らしに根づくかはわかりませんが、それでも石から貝殻に、貝殻から硬貨に、と時代に合わせてカタチを変えてきたように、今後もさまざまなカタチのお金が登場するでしょう。たとえば電子マネーのように、硬貨や紙幣ではない、姿のないお金だってすでにあります。

今後もより使いやすく、より便利に、お金は変化を続けていくでしょう。しかし、カタチが変わろうとも、お金が暮らしの道具であるという本質は変わりません。

社会にとってのお金　お金は社会の血液だ

お金は、道具であると同時に、人間の身体《からだ》でいう血液のようなものです。健康な身体では、十分な血液が身体中を回って栄養や必要な成分を届けたり、逆に不要になったものを取り去ったりして、ひとつひとつの細胞の健康を保っています。血液が不足したりうまくめぐらなくなったりすると、必要な栄養が必要なところに届かない、不要なものが取り除かれない状態になって、身体の具合が悪くなる。お金と社会の関係も同じで、社会の血液となるお金の動きが悪いと、社会も健康ではなくなってしまうのです。

いまの日本は、血液の流れが良くない身体と同じ状態になっていると、僕は考えています。血液となるお金は日本にいっぱいあるのに、うまくめぐっていないのです。

日本人がいったいどのくらいのお金を持っていると思いますか？　実はびっくりするくらいお金持ちです。

それぞれの家庭や人が所有するお金の合計は、日本人全体で１８００兆円を超えるといわれています（「家計の金融資産」２０１７年調べ）。１８００兆円といっても、大きすぎてよくわからないかもしれません。日本の国家予算がだいたい１００兆円なので、その約18倍ものお金を日本人全体で持っていることになります。

これって、日本に住む赤ちゃんからお年寄りまで全員（１億２７００万人）に、一人当たり１０００万円を配ってもまだたくさんのおつりがくるほどのお金です。すごいと思いませんか？

でもみんなこのお金をどこに隠しているんだろう？　世界でも「日本人は貯金が大好き」といわれているようだけれど、この１８００兆円のうち、なんと半分以上を銀行に貯金しているのです。海外では、銀行に貯金するよりも、株式に投資するなどして自分の資産を運用する割合が高いのが一般的です。持っているお金を銀行に預けてばかりいることの問題点はあとで詳しく説明しますが、いまは、「日本人はお金を手元に貯め込んでしまうことが多い」ということを覚えておいてください。

これは家計だけではなく、会社も状況は同じです。日本の会社は、本来もっと事業を大きくしたり人を雇ったりするために使うべき資金を貯め込んでいる。その額は、20年くらい前に100兆円ちょっとだったものが、いまや400兆円を超えるほどの状況となっています。

この20年くらい、日本の社会の調子がいまひとつ悪い原因は、この「貯め込み」のせいだと僕は思っています。

血液が全身をくまなくめぐることで人の健康が保たれるように、社会もお金が回ってはじめて健康でいられる。にもかかわらず、日本人も日本の会社も、お金を使うことより、貯め込むほうを優先している。血液をめぐらせずにどこかで大量に貯め込んでしまったら、身体はどうなると思いますか？　これを想像すれば、いまの日本が健康な状態ではないことはすぐにわかると思います。

なぜこうした状況が起きてしまうのでしょうか。先行きが見えない。将来が不安だから。……その原因は、やはりお金が社会のなかでうまくめぐっていないからだと思います。社会のすみずみにまでお金がめぐっていれば、きちんとしたセーフティネットができ上がるため、その先の生活に不安を感じてお金をとにもかくにも「貯め込む」という必要がなくなります。そうすると、お金はもっと大きな流れとなって社会をめぐります。

自分の持っているお金を全部使ってしまいなさいといいたいわけではありません。お金は回して増やすもの、増えたらまた回すものだということを伝えたいのです。

もうひとつ知っておいてほしいこと。日本のみんながお金を貯め込んでいる一方で、日本の政府は毎年国を運営していくためのお金が足りないといって、「赤字国債《こくさい》」と呼ばれる借金を増やしています。その金額はなんと1000兆円超。国というのは、みんなからの「税金」が大きな収入です。モノを買ったら税を払う、仕事をしてお金を稼いだら税を払う、会社が儲かったら税を払う。個人も会社も貯め込まずに回すことでお金は動き、お金が動くと、そこに「税金」が発生し、国が使えるお金が増えるのです。そして国が使うお金というのは、本来「安心」とか「安全」とか「便利」とか、いろいろなカタチで日々の暮らしに還元《かんげん》されるべきもの。こうしてお金はめぐっていくのです。でも、いまの日本では、お金はいっぱいあるのにちゃんと動いていないから、国が使えるお金が十分ではなくて、足りない分を借金しているのです。なんだか変だと思いませんか。

君にとってのお金　離れられないパートナー

僕は最低限の貯金しか持っていません。それよりも、お金をめぐらせることを優先させています。お金は稼いで貯めて、回して増やす。増えたらまた回す。そのサイクルが大事です。

僕は小さい頃、貯金魔《ちょきんま》でした。

預金通帳に記された金額が増えていくのを眺めるのがとにかく楽しかったのです。これは、父にいわれた「お金は寂しがりや」という言葉を信じていたからです。

両親に「おこづかいちょうだいちょうだい」とよくせがんでいましたが、そのお金で何かを買おうという気持ちは起こりませんでした。もらったお金はすぐに貯金していました。

お金はあればあるほどさらにもっと集まってくるという父の教えをこの目で見てみたくって、実験をするような気分で貯めていました。その後、投資をはじめたことで、僕の資産は最終的にたくさん増えました。父のいったとおりだったのです。「お金は寂しがりやなんだ」というのは本当でした。でも、いま思えば、預金通帳を眺めてニヤニヤしている、ちょっと変わった子どもでした。僕にとってお金は、小さな頃から常にそばにいる「パートナー」であり、なくてはならない、とても興味深い存在でした。

これは僕だけに限りません。僕のように小さな頃からお金に興味を持っていなかったとしても、お金は生まれたときから君のパートナーで、切っても切れない存在なのです。

なぜお金が切っても切れない存在であり、大事なのか。周りを見回しただけでもすぐにわかると思います。君の周りにあるものはすべて、お金と交換されたもの。僕たちの生活は、お金と切り離せないのです。

「お金」について、さいしょに4つの大切なことを覚えてもらいたいと思います。

一番大切なのは、「自立して生きていくためには、お金は絶対に必要である」ということ。次に、「やりたいことをやるには、余分なお金があったほうがいい」ということ。そして「困ったときに、お金は君を助けてくれる」ということ。さいごは、おまけとなりますが、「君がお金を持っていれば、人を助けることができる」ということです。これは、君がお金を稼ぐようになったらたどるべきステップでもあります。

順番に説明していきます。

自立して生きていくためには、お金は絶対に必要である

生きるためには、いろいろとお金がかかります。家で部屋を見回してみてほしい。その部屋そのものもそうですが、部屋にあるもの全部、お金がかかっていないものな

んてない。学校へ行くことも、そのために着る洋服も、顔を洗うお水にだって、お金がかかっています。子どものうちは、誰かが面倒を見てくれます。だけど、大人になったら、全部自分でやらなくてはなりません。部屋を借りる、食料を買う、携帯電話料金を払う、ガスや水道や電気代を払う……こうした支払いを、自分で稼いだお金で行わなければなりません。日々の暮らしをやりくりする最低限のお金がなければ、誰かに頼って生きるしかなくなる。でも、頼れる人がいつもそばにいるとは限りませんし、自分の自由のためにも、衣食住をまかなえるだけのお金を持つことはとても大事なのです。

やりたいことをやるには、余分なお金があったほうがいい

日々の暮らしに必要な最低限のお金に加えて、心に栄養を届けてくれるようなお金も大事です。友だちと遊びに行くお金、好きなアーティストのコンサートに行くお金、

欲しいものを買うことのできるお金。こうしたお金があると、暮らしがぐっと豊かになります。読書や映画鑑賞、趣味のために自由に使えるお金があって、行ったことのない場所に出かけていって見たことのないものを見たり、夢を叶《かな》えるために学校に通ったりできると、人生はより豊かになります。時間を買うことだってできるし、もちろん将来のために貯金をしておくのもいい。

自分のために、自分の将来のために、自分が自由にできるお金がある。そのことは、心身ともに健やかに生きていくうえで大切です。

困ったときに、お金は君を助けてくれる

日々を楽しくするためにお金を使いながらも、余分なお金の一部をちょっとずつ貯めておくといいでしょう。そうすると、人生で何か思いもよらぬことが起きたときに、その「お金」が君を助けてくれるからです。たとえばけがをして長い間働けなくなって収入がなくなってしまったときや、仕事をなくしたときでも、貯めておいたお金が

あれば、それを使うことができます。いざというときに使えるお金がないと、何かあったときに日々の生活が立ちゆかなくなってしまう。望まない状況や予想もしない悪い出来事が起きてしまったとき、お金はそのダメージを和らげてくれる力を持っているのです。

それではどのくらい貯めておくといいのでしょうか。年齢によっても違いますが、若いうちであれば、収入がなくなっても1、2年は生きていけるくらいの金額をイメージしています。

君がお金を持っていれば、人を助けることができる

さいごは、素敵なお金の使い方です。お金があれば人を助けることができます。これは、自分の家族を守るうえでも、世の中を良くしていくためにも、とても大事なことです。もちろん、まずは自分の生活を整えることが大事です。でも、君が自分の幸

・自立して生きていくためには、
お金は絶対に必要である

・やりたいことをやるには、
余分なお金があったほうがいい

・困ったときに、お金は君を助けてくれる

・君がお金を持っていれば、
人を助けることができる

せのために上手にお金を使えるようになったら、次のステップとして、「社会や人のために使う」ことについても知っておいてほしいと思います。なぜなら、人のためにお金を使うことが、実は一番幸せなことだと僕は思っているからです。これについては、もう一度あとで詳しく話します。

お金と仲良くなる方法

お金に支配されないために必要なこと

お金は人に自由とさまざまな可能性を与えてくれます。

お金は生きていくうえでなくてはならない大切なものだし、人の生き方に大きな影響を与えるものです。だからこそ、お金には恐ろしい魔力があるということも忘れないでください。仲良くなるとは相手の本当の姿を知ること。いいところも悪いところもひっくるめて、対等に付き合っていくということです。お金のことをよく知らぬままに大人になると、すぐにこのお金の魔力に支配されてしまうのです。

お金をたくさん持っている人のほうが、持っていない人よりえらく見えないか?

値段の高いもののほうが、安いものより良く見えないか？
お金をたくさんもらえる仕事のほうが、もらえない仕事よりすごいと思わないか？
もし思いあたるふしがあるとしたら、それはお金の魔力に惑わされているということです。

モノの本質を見ずに、こうして「値段」だけで物事やその価値を判断してしまうと、お金に縛《しば》られた生き方になります。なんでも高いモノのほうがいい、稼げるだけ稼ぐのがいい、とお金だけを追いかけてしまうと、値段にも収入にも上には上がありますから、どこまで走ってもゴールできないマラソンをしているような人生になってしまいます。お金は大切だけど、豊かな人生を送るための手段のひとつでしかない。「お金」そのものが人生の目的やすべての基準になってしまうのは、本末転倒《ほんまつてんとう》です。

ではどうすれば、お金に縛られずに、お金に支配されないで生きられるか。

そのためには、お金とは違う基準を自分のなかでつくることが大事です。お金以外の「ものさし」が自分の中にあれば、お金の魔力に惑わされることはなくなる。その「ものさし」とは、自分なりの「幸せ」の基準です。人生は、「幸せ」に生きることが一番大切。そしてその幸せの基準やカタチは、人によって異なります。お金がいっぱいあっても幸せじゃない人もたくさんいるし、お金がそんなになくても幸せな人もいっぱいいます。君の「幸せの基準」がしっかりしていれば、お金は君の「幸せ」をサポートしてくれます。逆に、お金がいくらあっても、君自身に「幸せの基準」がなければ、お金はその力を発揮《はっき》することができません。「幸せ」はお金の量で決まるのではなく、どうやって使うかによって決まるのです。

上手にお金を使えるようになるために僕が君に伝えたいことは、「お金に強くなってください」ということ。お金に強くなるには、数字に強くなればいいともいえます。「物事を数字でとらえる」ということです。お金はその最たるもので、常に数字で始まり、数字で終わります。

次の章で詳しく話しますが、僕がさいしょにお金に興味を持ったきっかけは、数字が書かれたプライスタグ（値札）でした。君を取り囲むモノのすべてに、こうした数字＝価格が付いているのです。この価格というのは、どれだけのお金を払ったら、そのモノを手にすることができるのかという「数字」です。そしてこの「数字」は、世の中のありとあらゆるモノ、出来事、状況と結びついている。僕は、国の人口、面積、GDP（国内総生産）や、投資を考えている会社の業績、従業員数からスーパーで売

GDP
スーパー

っている食品の値段まで、すべて数字で把握しています。そうした数字を自分なりに頭のなかでつなげて考えてみると、いろいろなものが見えてくるのです。

頭のなかで数字を楽に操ることができれば、お金について考えることはもっと楽しくなる。こうした「数字」が、世の中の仕組みを明らかにするカギであり、それが明らかになれば、物事の本当の価値や自分にとっての意味を見極《みきわ》めることができるようになります。お金を上手に使えるようになるには、この「価値を見極める」というところが非常に大切なのです。

僕は子どもの頃、授業中にノートを取らないので、先生からよくしかられたものでした。でも、とくに算数や数学などは、ノートに書きつけなくても、だいたいの計算は瞬時に頭のなかでできました。

どうしてそんなことができたかって？　算数と数学が得意だったということもあるけれど、むしろ僕は、小さな頃家族でやったゲームが役に立っていると思っています。ノートなど取らず、全部頭のなかに記憶《きおく》しながら、どう勝つかを考えるゲームです。おいおいそうしたゲームの内容も紹介します。まずは、その前に、お金に強くなるための第一歩、「モノの値段」について次章で考えてみましょう。

2

お金と世の中の関係

プライスタグから
世界が見える

たかがプライスタグ、されどプライスタグ

お金にまつわるいろいろなことのなかで、僕がさいしょに興味を持ったのはモノの値段でした。

子どもの頃、僕はデパートに行くのが大好きでした。デパートにはたくさんのモノがあって、そのすべてにプライスタグ（値札）が付いているからです。もちろん何にも買いません。買うことには興味がありませんから。僕にとって何かを買うことは、「幸せ」ではないのです。

ただただ、デパートの売場を回っては、いろいろなモノに付いている値札を見ていました。それがとても面白かったのです。

そして、デパートにあるものだけではなく、あらゆるモノの値段が気になるようになりました。

今夜の夕食の魚は一匹いくらだったとか、そこにそえてある大根おろしの大根はい

くらしたとか。食べ物に限らず、僕たちの身の回りにあるほとんどのモノ、おもちゃやお菓子はもちろんのこと、着ている服にだって、はいている靴にだって、学校に持っていくカバンにも筆箱にも鉛筆にも消しゴムにも、みんな値段が付いています。

さいしょの頃は単純に、いろいろなモノの値段を知るのが、なんだか世界の秘密をのぞき見しているみたいでワクワクしました。何を見ても「これいくら?」「これいくら?」と、見たり聞いたりしていたものです。

そうやってワクワクしながら値段を大人に聞いたり、自分で調べたりしているうちに、その値段がどうやって決まっているのかを知りたくなりました。誰がどうやって決めているんだろう?

たとえば同じ鉛筆でも、この鉛筆は一本30円なのに、こっちのは一本100円もする。なぜ70円も違うのか。その差はどこから生まれるのか、とか。

そういうことを考えるのがとにかく楽しかったのです。

そういう意味では、少し変わった子どもでした。

でも、モノの値段を知ることで、お金や世の中のさまざまなことがわかるようになったのです。

あらゆる値段は世の中と結びついている

考えてみてください。この世の中のありとあらゆるモノには値段が付いている。それってすごくないですか？　たとえば山や水にだって、目に見えるプライスタグは付いていないけど、値段は付いています。そして常に変化している。もしモノの値段が永遠に変わらなくて、鉛筆はどんな鉛筆も一本１００円と決まっていたなら、値段を見て回ってもあまり意味がないかもしれません。

でも、同じ鉛筆でも種類によって値段は多様だし、買う場所によっても違う。さらに変わり続ける。だから面白いのです。値段は、他のモノの値段とも密接につながりがある。季節や気候の変化、工場の場所、使う素材、あるいは人々の関心、好きなモノの変化、人気のあるスターが持っていたからなど、ありとあらゆる理由が複雑にからみ合っています。長い間値段の変わらないものもあれば、毎日のようにどんどん値段が変わるものもある。そしてそういうことには、すべて理由があって、そうやって世の中は動いている。

子どもの頃からいろいろなモノの値段に興味を持っていたおかげで、そういうことがだんだんわかるようになりました。

モノの値段は、ただの無味《むみ》乾燥《かんそう》な数字ではありません。

それは、世界の秘密を解き明かすひとつの鍵でもある。値段について誰かに聞いたり調べたりしていくうちに、この社会のさまざまな仕組みがおぼろげながら見えるようになりました。それは僕にとって面白い「遊び」でありながら、お金と仲良くなる道筋になりました。

なぜおいしくないサンマの値段が高いのか?

僕はいま、シンガポールに住んでいますが、1年に何回かは日本に帰ってきます。日本に滞在している間に時間があると、よく東京の築地に出かけます。そこには大きな卸売市場《おろしうりしじょう》があります（2018年10月に豊洲に移転しました）。

社会科見学などで行ったことがある人もいるかもしれないけど、卸売市場というのは、簡単にいえば僕たちが買い物をする魚屋さんや八百屋さんやスーパーマーケットなどにモノを売る市場のこと。それぞれの店の人が、自分の店で売る商品を仕入れるための市場が、つまり、卸売市場です。

そういう卸売市場が日本中のあちこちにあるのだけれど、築地の卸売市場はそのなかでもとくに規模が大きいのです。取引額でいえば日本はおろか世界でも最大規模で、世界中からさまざまな種類の海産物や野菜をはじめとする食品が集まってきます。モノの値段を知るのに適した場所なのです。

たとえば2017年の秋は、サンマがあまり売られておらず、店頭に並んでいるのはやせ細っていました。その前の年は、エサをたくさん食べて丸々と太ったサンマをよく目にしました。

さて、これからが大切なところです。

やせっぽちでおいしそうではないのに、その年に築地市場に並んでいたサンマはいつもの年に比べてかなり値段が高かったのです。都内のスーパーの鮮魚売場もいくつか回って値段を見たけれど、例年なら旬の時期には一匹100円くらいで買えたのに、少なくとも僕が見た限りでは200円から300円はしていました。
それでも僕はサンマが大好きだし、日本に帰ってきたときくらいしか食べられないから、仕方なくやせた高いサンマを買って、自分で焼いて食べてみました。やっぱり、それほどおいしくはありませんでした。

なんかおかしいと思いませんか？　どうしていつもよりやせっぽちでおいしくないのに、その年のサンマの値段は高かったのだろう。いつもなら丸々と太ったサンマが100円なのに、なぜやせておいしくないサンマが200円も300円もしたのだろう？

君にはその理由がわかりますか？

値段ってどうやって決まるの？

さて、君なりの答えが出ましたか？　正解をここで発表します。まだ考えていない人は、このまま読み進めずに少しでいいから考えてみてください。

答えです。その年のサンマがやせっぽちでおいしくなかったのにいつもの年より値段が高かったのは、サンマのとれる量が少なかったからです。

サンマのエサになるアミエビがとくに少なかったとか、海水温の上昇のために日本近海にやってくるサンマの量が減ったとか、人間が長年にわたってサンマをとりすぎたせいだとか、いろいろな原因があるようです。

そしておいしくなかった理由。サンマに限らず他の海産物でも、あるいは農作物でも、自然からの収穫物にはだいたいにおいて同じことがいえるのですが、不漁（漁獲量が少ないこと）だったり不作（作物の収穫量が少ないこと）だったりする年は、その魚や農作物がうまく育たなかったということだから、味も良くないというわけです。

モノの値段が決まる仕組みはいくつもあるけれど、とくに重要なのは需要《じゅよう》と供給《きょうきゅう》の関係です。

需要というのは、あるものに対する欲求のこと。サンマの話でいえば、サンマを買いたい人がどれくらいいるかというのが需要。サンマがどのくらい売られているかというのが供給。

一匹100円
一匹300円

日本には僕のようにサンマが好きな人がたくさんいるから、サンマのとれる秋になるとみんなサンマが食べたくなる。漁師さんたちは秋になると日本近海にやってくるサンマをとって市場に送る。どれほどの人が食べたいのか、どれほどのサンマがとれたのか。これで需要と供給のバランスが決まります。

もしサンマが豊漁で、供給が需要を十分に満たせばサンマの値段は安くなる。市場にたくさんのサンマがあれば、買い手側は少しでも安いサンマを買おうとする。売り手側は、安くしなければ買ってもらえないので値段を下げる。

反対に、サンマが不漁で、需要を満たすだけのサンマが供給できないとなれば、おいしくなくてもサンマの値段は高くなる。サンマが手に入りにくくなるから、買い手側の競争になって値段は上がっていくのです。

前にも書いたように、豊漁のときは、サンマもエサをたくさん食べて太っておいしいけれど、市場にそういうサンマがたくさん出回っているから値段は安い。不漁だとエサが少なくてサンマはやせているけれど、数は少ないので値段が高くなるというわけです。

この、「数が少ないことが、あるモノの価値を高くしている」ことを希少《きしょう》価値といいます。サンマに限らず、商品の値段は、供給が需要に追いつけないと上がる。数が少ないということが、ある種の価値になります。

太っておいしいサンマより、やせておいしくないサンマのほうが高いのには、そういう秘密が隠《かく》されているのです。

カードゲームで少ししか出回っていないキャラクターのカードが、インターネットなどでとんでもなく高い値段で売られていたり、ボロボロの古い本に高い値が付けられていたりするのも同じことです。

さて、君はこのことから何を学びますか？

僕はこのことから、モノの値段がかならずしも質の高さだけで決まるわけではないということを学びました。値段の高いもののほうが質も高いと思ってしまいがちだけど、それは間違いだというわけです。

値段に騙《だま》されるな！

おいしいだけではなく、太ったサンマには栄養もたくさん含まれている。それは他の魚でも、野菜や果物でも同じこと。魚でも野菜でも果物でも、旬で市場にたくさん並んでいるときのほうがおいしいし、栄養も豊富で、そういうときには値段も安くなる。それならなるべく、旬の手頃な価格のものを食べたほうがいいということになります。

高いお金を払ったからといって、おいしくて栄養のあるものが食べられるとは限らない。食べ物に限らずなんでもそうだけれど、高価であれば質が高いというわけではありません。

それなのに人間は、値段が高いものには何か高い価値があるかのように錯覚してしまいがちです。それはお金の魔力のせいです。だからあるモノが希少価値のために一旦値段が高くなると、さらに値段がどんどん上がっていくということがよく起きます。

場合によっては、それが驚くほど高価になってしまうこともある。

そうなると、ただとんでもなく高価であるというだけで、それを宝物か何かのようにありがたがるようになる人もいます。「いくらお金を払っても手に入れたいモノ」であれば、いくら高くても意味があると思います。その人にとって、それは本当の宝物になるでしょう。でも、たいして欲しくもないのに「高いからなんかきっとすごいに違いない」とか、「こんな高いモノを持っていたらきっとみんなが僕のことをすごいと思うだろう」といったように、「高い値段」だけを理由にモノを買うというのは、その人が小さな頃からお金に慣れ親しんでこなかった結果だと思います。世の中には、とてもそんな価値があるとは思えないのにすごい値段が付いているモノも多くありま す。そして、値段が高いというだけで、それを何かすごいモノと思い込み買う人もいます。「値段」というただの数字に惑わされてしまって、自分にとってその値段に見合うだけの意味や価値があるのかどうかを、冷静に判断できていない。

正直いって、なんだか無駄だなあと思います。あとで話しますが、僕は無駄遣いが大嫌いなのです。

考えれば考えるほど、お金と仲良くなれる

プライスタグに書かれている値段が、ただの無味乾燥な数字ではないのは、その数字にいろんな意味や理由があるからだといいました。

たとえば300円のやせたサンマと100円の太ったサンマの差額の200円。それをあれこれ自分の頭で考えて解き明かすのが、つまりお金について考えるということ。世の中の仕組みを理解するうえでもとても役立ちます。自分でやってみればわかるけど、これがけっこう面白いのです。

大切なのは、とにかくまず考えること。

考えてもわからないときは、誰か詳しい人に聞いてみてもいいし、自分で調べてもいい。正しい答えを誰も知らないっていうことだってあるかもしれないけど、「自分なりの答えを一生懸命考えてみる」ということがお金と仲良くなる秘訣《ひけつ》なのです。

そして誰かが答えを教えてくれても、「本当にそうだろうか?」「答えはひとつだけ

なんだろうか」と、とことん自分の頭で考え抜く。

お金の勉強で大切なのは、正しい答えを知ることより、いつもそうやって考える習慣を身につけることです。


世の中は変化し続けています。いまこの時点では正しい答えも、明日には正しい答えではなくなっているかもしれない。だからいつも考え続けなければいけない。

僕が築地の市場を好きな理由は、そこにあります。食材はもっとも値段の変わりやすいモノだから、行くたびに値段が変わっている。築地には値段について考えるための材料が無数にあります。毎朝4時から6時までタイやマグロやウニなどの値段が、せりで決まっていきます。そうやって魚の値段が決まる現場を、実際に自分の目で見ることもできます（築地でなくても日本のあちこちに卸売市場があるから、興味を持ったら行ってみよう）。

お金について知れば知るほど、こうした社会の仕組みが見えるようになります。

なかには感心したくなるくらいよくできている仕組みもあれば、反対になんてダメなのかと呆《あき》れる仕組みもある。

世の中のすべてがかならずしも納得《なっとく》のいくカタチや理想的な状態になっているとは限りません。本当はこう変えたほうが、みんながもっと幸せになるんじゃないかと残念に思うこともたくさんあります。

それでもまずはモノの値段から、社会の仕組みを君なりに理解してみてください。

無駄遣いって何だろう　物々交換を思い出そう

先ほどもいいましたが、僕は無駄遣いが嫌いです。周りの人がびっくりするほど、とにもかくにも嫌いなのです。

とくに投資家にとって「お金」は投資という仕事をするためになくてはならないもの。大工さんにとってのカナヅチとか、コックさんにとっての調理道具とか、そういうものと同じです。投資家だからこそ、そのお金を無駄に使ってしまうことに、普通の人以上に抵抗《ていこう》があるのかもしれません。

でも、実はこれは投資家に限りませんし、僕は投資家になる前から、やっぱり無駄遣いが嫌いでした。無駄遣いが「無駄」であることは誰にとっても同じこと。お金は幸せに生きるための道具ですから、なくてはならないもの。限られたお金のなかで、自分がやりたいと思うこと、「幸せ」と思うことにいかにより多くのお金を回すことができるか。そのためには無駄遣いをいかに減らせるかが大きなポイントになります。それは金額が大きくても小さくても関係がありません。高価なモノでも、その価値が値段に見合っている、自分の目的を達成させてくれるモノであるなら無駄遣いではありません。どんなに安いモノでも、たとえ1円だって、価値が値段に見合っていなかったり、目的を達成させてくれなかったりすれば、それは無駄遣いなのです。

サンマの話でいうと、おいしいサンマが食べたいと思ったとき、100円の丸々太ったおいしいサンマは君を幸せな気分にしてくれるでしょう。でも、不漁の年にスーパーに並ぶ300円のおいしくないサンマは、「おいしいサンマを食べたい」という君の希望を叶えてくれません。この300円は無駄遣いです。値段を見て、なんで今年のサンマが300円なのかを考えたら、これは買わないのが正解。でも、僕のように「秋だし普段食べられないからサンマが食べたい」と思う人には、300円のそれほどおいしくないサンマでも、「食べられてよかった」という満足感をくれるから、

３００円は無駄ではないのです。同じお金を払って買ったとしても、それが全員に同じ価値、要するに幸せをもたらすわけではない。君に幸せをもたらさないお金の使い方は、無駄遣いなのです。

お金とうまく付き合うには、日々の暮らしのなかで、その金額が自分にとって意味と価値があるかどうかの判断が必要です。たとえば新幹線で東京から大阪に行くとき、僕はグリーン車のチケットを買います。普通車のチケットに比べると５０００円くらい高いのですが、それは僕にとっては無駄遣いではありません。忙しい日々のなかで、仕事をするにしても考え事をするにしても寝るにしても、グリーン車の少しだけ広い席で過ごす2時間何十分かの移動時間に、僕にとっては５０００円以上の価値があると判断するからです。でも、目的地に着く時間が変わるわけではないので、「移動できればいい」という人にとって、その５０００円は無駄遣い以外の何ものでもないはずです。

僕は飛行機に乗るときもいい席を取ります。飛行機に乗っている時間は電話も鳴らないし、誰かに話しかけられることもないから、僕の大好きな「考える時間」なのです。「考える時間」というのは、投資家にとってもっとも大事な時間でもあります。少し広くて静かな席で、思う存分考え事をしたいので、そのために払う差額は、僕にとってはその値段以上の価値があります。けれどプライベートジェットを買う気にはなれません。自分の飛行機があったほうが時間も空間ももっと自由になるよという人もいます。でも、プライベートジェットを買うことによって得られる自由な時間や空間が、僕にとっては支払う金額に見合うとは思えないからです。

クルマとか時計とか、その他のブランド品や高級品についても同じ考え方です。正直にいえば、ブランドものに興味がありません。僕自身が身につけるものや使うものは、必要な機能を果たし、自分が心地いいと思えれば、それで十分だと思うのです。

要するに、お金を払って何かを買う、得るということは、お金とモノやサービスとの物々交換です。そのお金は、君が働いて得るもの。何かを手にするためにお金を払うときに、それが君の何時間分の働きと交換されているか、本当にそれだけの価値があるかどうか、よく考えることが大事です。

プライスタグと幸せの関係

高価なモノを所有することは、社会的ステータスになるという考え方もあります。きちんとした身なりをすることや、良質なモノを身につけるのはもちろん悪いことではありません。けれどそういうことに見合った以上の金額を払うのは、見栄や優越感を満足させるだけのことなんじゃないかと思うのです。僕にとっては、見栄を張ったり優越感を抱いたりするためにお金を払うのは、どうしても無駄遣いとしか思えないのです。

もちろん、これはあくまでも僕の価値観です。

そして価値観というのは、人それぞれにあっていいもの。

繰り返しになりますが、お金と上手に付き合うということは、一定の収入のなかで、自分にとっての無駄遣いをいかに減らして、いかに多くのお金を、自分の幸せのために使えるか、ということです。

何が自分にとって大切なのか、幸せなのかという「ものさし」がしっかりないと、次から次へと市場に送り出される魅力的な「新商品」に心を奪われて、ただお金を使わされるだけの存在になってしまう。

デパートなどで、あれも欲しい、これも欲しいと思ったことはありませんか。けれど、どんなに頑張っても、欲しいモノを全部買うことはできないのです。そして、どんなに素晴らしいモノを買ったとしても、新しいモノが出たらまた欲しくなるに決まっています。

そういうときは、心を落ち着けて、プライスタグを見てください。

そしてその値段が、本当に自分の思う価値や目的に見合うかどうかをよく考えてみてください。その値段の分だけ、自分を幸せにしてくれるかどうか考えてください。

この商品がいくらで、あの商品がいくらなのはどうしてか。どうしてこっちの商品のほうが、あっちの商品よりも高いのか。自分はどうしてこの商品が欲しいのか。値段と自分が得る幸せのバランスが取れているか。

そういうことを考えるほうが、何かを買うことより楽しくなるかもしれませんよ。

実践編　食事代当てゲーム

値段のことを考えれば考えるほどお金に強くなれる。そのことを本章で伝えたいと思って書いてきました。そんななかでさいごに、値段に慣れ親しむためのゲームをひとつ紹介します。僕には4人の子どもがいるのですが、彼らと一緒にこの10年くらいやっているゲームです。

その名も「食事代当てゲーム～ゴチになります！～」です。

外食に行ったとき、会計をする際に、参加者がそれぞれに食事代の合計金額を予想し、予想金額が実際の値段にもっとも近い人が賞金をもらえるという、とてもシンプルなゲームです。でも、ここには先ほどのサンマの値段が決まる仕組みである需要と供給の話、人の好みや季節、お店のグレードやサービスの質など、実にさまざまな要素がからみ合っていて、とても勉強になるのです。

まずお店に着くと、メニューを見て、自分が頼まないものであっても、できる限り価格を記憶するようにします。同時に、なんでその値段なのかを自分なりに考えます。覚えられなかった分の値段をあとで推測《すいそく》するためにも役立ちます。

そして会計の直前に、じゃんけんで順番を決めて、注文した食事の合計金額の予想をそれぞれ発表します。

ここで守らないといけないルールがひとつ。それは、先に金額をいった人と自分が発表する値段に、500円以上の差をつけなくてはならない、ということ。

どういうことかというと、たとえば自分の予想金額が8700円だった場合。すでに8000円と別の誰かが発表しているとします。そうすると、自分がいえる金額は7500円以下か8500円以上。

この場合、8700円と発表することもできるし、他の金額をいうこともできます。

たとえば予想した8700円をそのままいう場合。次に発表する人は7500円以下もしくは9200円以上しかいえなくなります。

そこで、仮に、8999円というとしましょう。そうすると、自分よりあとの人が発表できる金額は7500円以下もしくは9499円以上となります。

ここが勝負どころです。予想金額を8700円と発表するよりも、8999円と発表したほうが、あとから発表する人を自分の予想額から遠ざけることができるというわけです。もし、正解が9000円だったとします。自分が8700円と発表していた場合、次の人が9250円といえば次の人が勝ちますが、8999円と発表しておくと、次の人が発表できる金額は7500円以下か9499円以上なので、より9000円に近い金額にした君の勝ちとなります。

このゲームの面白いところは、メニューの値段をまずは覚える必要がある点。いろいろな店のメニューの値段を覚えて比較することで、どうやって値段が決まっているのかを自分なりに考えることができます。次に、記憶できていないメニューに関しては、他のメニューの値段設定や食材の値段から予想を立てなくてはいけない点。いろいろな要素を考えて推測する力が身につきます。そしてこのゲームでは、もうひとつおまけに、予想金額をいくらと発表すれば、自分の勝率が上がるのかを考える、戦略《せんりゃく》的な思考回路も身につきます。

値段に慣れ親しみ、食事やサービスの質と価格の関係を考える。そして自分にとって値段に見合う価値があるのかどうかをきちんと考える。家族と議論したりみんなで考えたりすることもできる。このゲームは、家族全員で楽しく遊びながら、お金に強

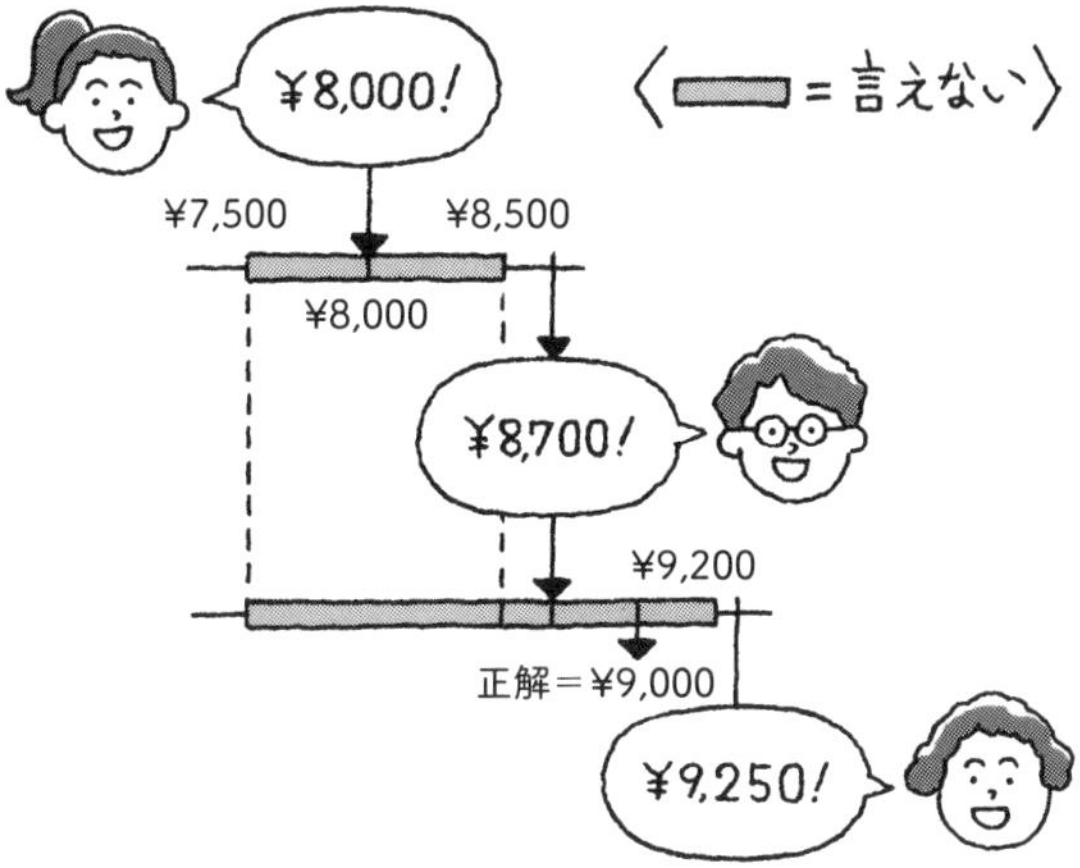
¥8,000!
〈 = 言えない〉
¥7,500
¥8,500
¥8,000
¥8,700!
¥9,200
正解＝¥9,000
¥9,250!

¥8,000!
¥8,700!
¥9,250!

くなるためのトレーニングができる、ひとつの方法です。外食に限らずスーパーでの買い物や日頃のショッピングでも応用できますので、ぜひ機会を見つけてやってみてください（全体の値段によって、５００円の差額のルールは金額を変更したり、自分たちなりにルールをアレンジして楽しんでください）。

3
君がお金を手にする方法

好きなことを仕事にして稼ぐ

お金は稼いで貯めて、回して増やす。増えたらまた回す。そのサイクルが大事といいましたが、お金の入り口がないと、いくら出口があっても意味がありません。お金の入り口とは、お金を稼ぐこと。まずはお金を得るために、仕事をして稼がなければなりません。子どもでいる間は心配しなくていいけれど、大人になれば、自分が着る服も、毎日食べるものも、住む家も、すべて自分の稼いだお金でまかなわなければなりません。それが自立して生きるということ。

ではどうやって稼げばいいのか。それはすなわち、どんな仕事をするかということになります。

世の中にはたくさんの仕事があります。

選択肢は無数に考えられますが、どのような選択をしても、それはいずれも君自身の生き方に大きく影響を及ぼします。君自身の生き方、つまり君の幸せに大きく関係する。

だからこそ、僕には伝えたいことがふたつあります。ひとつは、できることなら、好きなことを仕事にすると人生が楽しくなるということ、もうひとつは仕事を考えるうえで、お金の問題を軽視《けいし》してはいけないということです。

いま、僕の手元にはイラストがたくさん入った大きな事典のような本があります。作家の村上龍さんが書いた『13歳のハローワーク』という本で、まえがきにはこんなふうにあります。

わたしは、この世の中には2種類の人間・大人しかいないと思います。それは、「偉い人と普通の人」ではないし、「金持ちと貧乏人」でもなく、「悪い人と良い人」でもなくて、「利口な人とバカな人」でもありません。2種類の人間・大人とは、自分の好きな仕事、自分に向いている仕事で生活の糧を得ている人と、そうではない人のことです。そして、自分は何が好きか、自分の適性は何か、自分の才能は何に向いているのか、そういったことを考えるための重要な武器が好奇心です。好奇心を失ってしまうと、世界を知ろうとするエネルギーも一緒に失われます。この本は、今の好奇心を、将来の仕事に結びつけるための、選択肢が紹介してあります。

村上龍『13歳のハローワーク』（幻冬舎）より

「好き」が人のためになっているか

ここで村上龍さんが書いているように、僕も、できることなら君が「自分の好きな仕事、自分に向いている仕事で生活の糧《かて》を得ている人」になれるといいなと思います。なぜなら仕事は人生の多くの時間を占める。社会に出てから40年もしくは50年、もしかしたら一生続けるのだから。好きなことを仕事にできれば、集中も全力投球もしやすいし、大変でも頑張る力が湧いてくる。僕自身、お金が好きでお金のことが得意だから、どんなに大変でもつらいことがあっても、他の仕事をしようなんて考えたこともない。いつも全力投球で、仕事に生きがいを感じています。

『13歳のハローワーク』という本は「花や植物が好き」「虫が好き」「絵やデザインが

好き」「旅行が好き」といったさまざまな「好き」を入り口に、その「好き」に関する職業を全部で514種紹介しています。この本をパラパラめくってみると、好きなことを仕事にするヒントが見つかるかもしれません。たとえば英語が好きだから英語の先生になりたいとか、英語力を生かして外交官になるとか国際機関《きかん》の職員を目指すとか、好きなことに基づいて何ができるか考えてみるといい。ゲームが好きだからゲーム会社で働きたいとか、映画監督になりたいとか、スポーツ選手になりたいとか、画家になりたいとか……。そんなふうに将来の仕事をイメージしてみるといいと思います。

大好きなことを仕事にできるかどうかは、それが「人のためになるかどうか」で決まります。仕事だって物々交換と同じ。誰かが君の仕事に価値を見出《みいだ》してはじめて君はお金を稼ぐことができるのです。どんなに好きで得意なことであっても、誰かがそれに対して「お金を払いたい」と思わなければ、仕事にはならない＝稼ぐことはできません。

自分が好きなこと、得意なことを、どうしたら将来の仕事にできるか考えてみてください。できる限り多くの時間を、好きなことに費やしてみて、つらいことや大変なことがあっても乗り越えられるくらい好きか、そして人のためになりそうか、実験してみてください。とことんやってみて、「これじゃない」と思ったら次のものを探せばいいのです。

なんでもいいから夢中になってみよう

子どものうちに何かひとつのことをとことんやってみるという経験は、将来君がどんな仕事をするにせよ、役に立ちます。そのときの知識が役に立つということもあるし、もっと重要なのは、何かに集中する楽しさを君がすでに知っているということです。

本当のことをいえば、どんな仕事であれ、本気で集中してやれば面白くなるのです。集中しているときというのは、その人の能力が最大限に発揮されるときだからです。自分の持っている力を思う存分発揮できる時間は、誰にとっても楽しいものです。

できれば自分の好きなことや得意なことを仕事にしたほうがいいのは、つまりそういう状態になりやすいからなのです。

一方で、すべての人が好きなことを仕事にできるかといえば、実際には好きなことが見つからないまま、心から面白いと思うことのできない仕事を選ぶケースもあると思います。望んでいなかった仕事をしなくてはいけなくなることだって、たくさんあるのです。そういうとき、仕事をするうえで何より大切なのは、どれだけ夢中になって一生懸命に取り組むか、です。好きでも嫌いでも、「とことん取り組む」ことによって、いつの間にかそれが面白くなり、生きがいになり、生涯の仕事になることもあるのです。

人生において、何かひとつのことに全力で取り組んだり、学んだりした経験は、かならず何らかのカタチで人生を切り拓《ひら》く力になるはずです。

好きなことのために仕事をするという選択

現実においては、どんなに好きなことがあっても、それが仕事にならない、仕事にしたくない、ということもあるかもしれません。好きだからこそ仕事にはしたくない、ということだってあるでしょう。たとえばとにかく旅行が好きで、旅行中は勝手気ままに過ごすのが幸せという人がいたとします。この人がツアーコンダクターやガイドブックを書くことを仕事にしてしまったらどうでしょう。旅行には行けたとしても自分のペースで動けないとか、取材のために行きたくないところへも行かなくてはいけないなど、きっとこの人の大好きな「勝手気ままに過ごす」という大切な部分が消えてしまい、旅行＝幸せではなくなってしまう。

そんな場合は、好き勝手に旅行をするために、普段は別の仕事をするというのが一番いいのだと思います。年に数回、気ままに旅行をするためにはいくら必要なのか、まとまったお休みを取れるのかどうか、それにはどんな仕事があるのか、いくつかの選択肢のなかでもっとも自分の価値を発揮できる仕事は何か。好きなことと仕事が一緒ではなくても、ふたつのバランスを上手に取りながら自分の「幸せ」を実現していく。この本で伝えたいことは、「いかに自分の稼いだお金を上手に使って幸せな人生を生きるか」ということです。だから、好きなことを仕事にせず、好きなことのために仕事をするということも、立派な選択肢なのです。

実はオリンピックなどに日本代表として出ているスポーツ選手の多くも、そうした「好きなことのために仕事をしている」人たちです。日本では、国を代表するくらいの選手になっても、それを仕事として生きていくことはとても難しい。だから、多くのスポーツ選手が、その活動を応援してくれる会社に勤めて、他の社員の人たちと一緒に、仕事をしているのです。

夢を追いかけるときこそお金が大事

さいしょから好きなことを仕事にできなくても、他の仕事で収入を得ながら、いつか好きなことを仕事にするという夢に向かって頑張る、ということもできるでしょう。僕が若かった頃は役者になりたくて劇団に入るという人がけっこういました。売れるようになるまでは、とにかく収入が低い。一応「俳優」という仕事をしているのですが、それだけでは食べていけないから、みんなアルバイトをかけ持ちしたものでした。

大きな夢があれば、生活が苦しくても頑張ることができるかもしれません。でも、そういう人ほど、お金のこともしっかり考えてほしい。好きなことができるなら、お金が稼げなくてもいいと簡単に口にしてしまう人がいます。その考え自体を否定するつもりはありません。お金なんかなくても、好きなことをしていられればそれだけで人生幸せ、という人もいるでしょう。お金を稼げないと覚悟しているのなら、それでいいと思います。

大切なのは、本当に本当に覚悟ができているのか、です。漠然《ばくぜん》と、この仕事ではあまり稼げないから貧乏になるだろうけれど、好きなことをして一生を送れるならそれでいいや、というくらいの気持ちではダメです。なぜなら、そういう漠然とした気持ちだと、間違いなく、日々の生活さえままならずお金に追われ、お金に縛られて生きる＝お金に支配されることになってしまうからです。

逆にいえば、夢を実現するためにも、お金に強くならなければいけない。収入が少ないなら少ないなりに、その範囲内で生計を立てることを考える。若い頃に苦労しながら大きな夢を叶えた人の多くは、金銭感覚の優れた人でもありました。

稼ぎが少ない仕事を選ばないほうがいいといっているわけではないし、稼ぎがより多い仕事を選んだほうがいいといいたいわけでもない。稼ぎが少なくても自分のやりたい仕事をやるつもりなら、稼ぎがどの程度になるか、その稼ぎで自分の生活をまかなえるかまで考えをめぐらせる。自分が稼げる金額を想定して、その範囲で、どこに住み、どういう暮らしをすれば、人に迷惑をかけないか……そうした計算をして、現実を見たうえで、それでもその生き方を選ぶというのなら、つまり、本当に覚悟ができているなら、夢を追いかける人生を僕は心から応援します。

そこら中にある落とし穴

どういう仕事を選ぶかは君の人生に大きく影響するし、君の幸せを左右する大事なことです。夢を叶えるための貧乏生活を否定はしないけれど、覚悟がないままやってしまうことには大反対。

いまの時代は、工夫次第で、お金をかけないで生きることが可能です。

本当に叶えたい夢があるなら、お金の計算を含めた人生設計をしっかり立ててのぞんでほしいと思うのです。「こんなはずじゃなかった」という後悔をしてほしくないのです。

「お金を稼ぐ」というテーマから少し離れてしまいますが、少しだけ、厳しい現実の話をしておきましょう。

お金を持っていなくても、お金を用立ててくれる仕組みが世の中にはあります。自分で稼ぐのとは別に、お金が入ってくるもうひとつの入り口。お金を借りるという方法です。クレジットカードを使えば、いまお金を持っていなくても買い物をすることができてしまいます。分割払いにすれば、月々の支払いを少なくできます。夢を叶えるために頑張っている途中で収入が少ないとか、もうすぐお金が入ってくる予定があるのだけどいま手元にないとか、そういうときにとても便利ではあるのですが、よく考えずに利用するのはとても危険です。

生活を切り詰めなければならない人ほど、この仕組みには要注意です。お金が入ってくる当てがなくても、使うことができてしまうからです。

前にもいいましたが、借りたお金は返さなければいけない。しかも借りたお金には金利がつきます。たとえば金利15％で1年間１００万円を借りたら、1年後には１１

5万円を返さなければならない。余計な出費が15万円も増えるわけです。生活するためのお金が足りないという理由でお金を借りていたら、借りた金額より返すお金のほうが多いのですから、当たり前ですが生活はあっという間に破綻してしまいます。

いつの時代も、お金を貸す仕組みは社会のいたるところに張りめぐらされています。簡単にお金を借りることができるので、深く考えずに使ってしまう人がたくさんいます。けれど借りるのは簡単でも、お金を返すのはとても大変です。収入が少なければ少ないほど、返すことは難しくなります（お金と上手に付き合ううえでとても重要なテーマなので、借金についての考え方は、あとでもう少し詳しく説明することにしましょう）。

収入が少なくても頑張ると覚悟したなら、そういうこともよく考えておく必要がある。夢を叶えるためにも、お金と正面から向き合わなくてはいけない。

それがお金のプロとしての、僕の意見です。

元本＋金利

ミッションという宝物

さいごに、ミッションの話をしておきたいと思います。仕事をするうえでとても大切なこと。それは仕事を通じて君自身のミッションを見つけられるかどうか、ということです。

ある仕事に一生懸命取り組んでいると、いつの間にか自分のなかに使命感のようなものが生まれてきます。やり遂げられるかわからないほど難しいことだけれど、人生を懸《か》けてチャレンジしたいこと。他の誰かではなくて、自分がやらなくてはいけないと思うもの。それを僕はミッションと呼んでいます。生きる意味や目的といってもいいでしょう。ミッションは、働くモチベーションになり、また、生きがいになります。好きかどうかもわからずにたまたま出会った職業でも、夢中になって一生懸命に取り組んでいれば、その仕事を通じてミッションが見つかることも、実際にあるのです。

仕事を通じて、ミッションに出会えた人は幸せです。それは、「稼ぐことのできるお金」とか、「好きなことを仕事にできた幸せ」とかとはまた違う価値観だからです。生きること、働くことが、断然楽しくなりますし、どう生きればいいかを考えるときの指針にもなります。

もしかしたら、仕事そのものを選ぶ前に、君は好きなことや得意なことを通じて早い段階で君自身のミッションに出会うかもしれません。そうしたら、そのミッションを達成できる仕事を探せばいい。生きていくうえで、「何のために生きているのか」という明確な意味を見出せたら、それはとても幸せなことです。だから、早いうちから好きなことや得意なことを見つけ、自分に何ができるのかと考える努力をしてほしいと願っています。

〈番外編〉学校の勉強はなぜやらなくちゃいけないの？

学校で「お金の授業」をしていると、こんな質問を受けることがあります。

「なぜ勉強しないといけないの？　いま勉強していることに意味はあるのでしょう

か？」

高校生くらいだと、就職のことも頭をよぎるのかもしれません。歴史の暗記や物理や生物の勉強をしても、就職には何も役に立たないのではないか。そんな疑問を感じるのかもしれません。

僕自身、中学高校の頃は学校の勉強が嫌いで仕方ありませんでした。いまでもよく覚えているのが、「エフィラ、ストロビラ」です。クラゲの生育過程を指す言葉で、当時どうしても暗記しなければならなかったのですが、人生においてこの言葉を覚えることに一体どんな意味があるのか何度も何度も考えたものでした。

そんな僕ですが、いま改めて「勉強に意味があるのか？」と尋ねられたら、学校の勉強はしっかりやるべきだよと答えるようにしています。

小さな頃に好きなことが見つかって、多くの時間をそれに費やしている場合、もしかしたら学校の勉強はそれほど重要じゃないと思うかもしれません。電車が好きなら電車についてひたすら調べたらいいし、ファッションに興味があるならファッションに関する知識をたくさん増やせばいい。

大切なのは、何かを夢中になって学ぶという経験です。

興味のないことを覚えるのは難しいけれど、好きなことならすぐに記憶できるという経験は誰にでもあると思います。自分の好きなことを追求したり、得意なことをやったりしているときに楽しいと思う気持ち。その楽しさは、さまざまな行動の原動力になります。

それでも、あえて僕が「学校の勉強はしっかりやるべき」と答える理由は、どんな方向に進むにせよ、それが土台となってくれるからです。人生の途中で急に方向転換したくなるかもしれないし、方向転換をしなくったって、広くいろいろな知識を持っていることは、人生において決して無駄にはならない。授業で読んだ教科書の一文が、君の人生を変えるかもしれない。突然何かにびっくりするほどの興味が湧いてくるかもしれない。そしてまだとくに「これだ！」という好きなことや得意なことが見つからない人にとっては、学校の授業はあらゆる世界への入り口です。子どものうちにできる限りたくさんの入り口にまずは立ってみてほしい。さいしょは興味を持てないことでも、まず、少しだけ入り口から覗《のぞ》いてみる。あんなに幅広く、いろいろなことを学ぶことのできる機会なんて、子どものうちしかないのです。あとになって振り返れば、そこには生きるうえでのたくさんのヒントや学びがあったことがわかると思います。

世の中のさまざまなことにまずは関心を寄せてみる。いろいろな世界を覗いて、何を楽しいと思うか、何に興味を感じるか、自分を試してほしいと思います。それを繰り返すうちに、徐々に自分の好きなこと、得意なことが見えてくるはずです。

4

働き方が大きく変わる

もはや「会社員は気楽な稼業《かぎょう》」ではない

2018年現在、日本で働く人の数は約6600万人。そのうちの約9割が、会社などに属《ぞく》し、毎月安定した給料をもらっています。

収入の面から考えると、決まった給料をもらって働き続けるほうが、生活は安定します。給料は月給として毎月支払われます。その毎月の収入の範囲内で生活費をまかなうというのが、誰もがやっているお金のやりくりです。

かつては学校を卒業して会社に就職し、そのまま同じ会社で定年まで働き続けるのが一般的でしたし、多くの人がそういう生き方を望んでいました。毎日スーツを着て同じ時間の電車に乗って同じ会社に出社し、仕事が終わったらまた電車に揺られて家に帰る。これを数十年毎日続ける。日本の会社の多くは「終身雇用《しゅうしんこよう》」が原則で、自ら途中で辞めない限りは、定年退職まで安定して収入を得ることができますし、お給料だって毎年少しずつ増えていくようにできていましたから、多くの人が会社勤めを選んできました。

僕が若い頃、「ドント節《ぶし》」という歌が大流行しました。「サラリーマンは 気楽な稼業と きたもんだ 二日酔いでも 寝ぼけていても タイムレコーダーガチャンと押せばどうにか格好が つくものさ……」という歌です。まさに、これまでの日本の働き方を表しています。

意外に思うかもしれませんが、世界を見渡すと、日本の他にそういう国はほとんどありません。

そして近年では、インターネットの発展によって世界中で「働き方」が大きく変わってきています。日本でも変わりはじめました。まず、誰もが情報を発信できるようになったこと。オンラインでどんな情報でも簡単に集められるようになったこと。インターネットでつながっているから会社にいなくても仕事ができること。世界中の人と簡単に、しかもタイムリーにコミュニケーションがとれるようになったこと。こうした変化が、仕事の仕方、選び方を大きく変えてきています。自分が好きなことを仕事にするチャンスも、趣味を追求するために働き方を選択できるチャンスも、大きく拡《ひろ》がってきています。

一回会社に入ったら、その仕事が好きでも嫌いでも、得意でもそうでなくても、毎日適当に仕事をしていれば、死ぬまでお金の心配はいらない、という時代は終わりました。それに不安を覚える人がいるかもしれない。でも、いいかえれば、「好きなことをして好きなように生きる」「仕事はひとつじゃなくていい」「副業だってできる」、そういう、より自由な生き方を、より多くの人ができるようになってきているのです。

代表的なのが、最近人気の「ユーチューバー」でしょう。ユーチューバーとして生計を立てている人もいる一方で、会社員をしながらユーチューバーをやっている人もいる。ユーチューバーは、どれだけの人が自分の動画を見てくれたかで収入が決まります。組織に属さず、「個人VS.世界」というような仕事の仕方が今後ますます可能になってくると、毎月決まったお給料をもらって暮らす、という状況もどんどん変わっていくでしょう。あるときはたくさんお金がもらえる。あるときは全くお金がもらえない。もしくは1年の半分は仕事をするけど、あとの半分はずっと旅行をしている。そういうことも増えてくる。そうなるといままで以上に「お金」に強くなっておかないと、楽しい人生を送ることができなくなってしまいます。

自分の人生を守るのは自分

「働き方」そのものが大きく変わりつつあるなか、終身雇用という日本特有の働き方が終わりを告げても、会社に勤めるという働き方が主流であることに変わりはありません。でも、会社員というのは、これまでのように、同じ年代の人はみんな同じ給与をもらって、よほどのことがない限り毎年給料はみんなと一緒に上がり続ける……という「気楽な稼業」ではもはやありません。日本の会社も欧米のように、能力や成果《せいか》によって給料を決める方向にシフトしてきています。

大きな成果を上げれば高い給料が支払われますし、求められる成果を上げられなければ給料が減ったり、クビになったりする場合もある。でもこれは、物々交換という考えからいったら当たり前のことです。人々が求めることに対し、自分が提供した価値に応じて対価を受け取る。それがときに多かったり少なかったりするのは自然なことです。いままでのほうが不自然だったといえます。

そしてもはや、同じ会社で定年まで働き続けるということも、主流ではなくなりつつあります。自分の能力をより高く評価してくれる会社への転職を繰り返して、キャリアアップして収入を増やす。そうした働き方こそが理想とされる時代になってきました。

A社に就職して仕事を覚えたら、その経験を生かしてB社に転職する。さらにC社に転職してより高いポジションを得る。あるいは独立してフリーランスになることを選んだり、起業して自分で事業をはじめたりすることになるかもしれない。そのためには資格を取る勉強をして、大学や大学院で学び直す必要が出てくるかもしれない。

これまでは会社がさまざまな制度を整えて会社員の生活を守ってくれたものです。けれど、転職が当たり前の時代になれば、どんな会社に勤めて、どんな働き方をすればどれくらいの収入を得ることができるか、どういうステップを踏んでいきたいのか、会社を辞めたらどうなるかということを常に考えていないと、自分自身が損をしてしまいます。これまでは定年まで勤めていれば当たり前のように「退職金」や「企業年金」という老後のための資金をもらえましたが、君たちは自分で人生設計を立てて、生涯のお金のやりくりを考えなければいけなくなってくるでしょう。

人生設計を考えて、それに合った仕事を探すにしても、好きなことを仕事にするにしても、大切なのは自分の提供できる価値を冷静に把握《はあく》すること。誰のために何ができるのか、それをどこで生かすことができるのか、それに対して正当な対価を払ってもらえるのか、といったことをしっかりと考えるのです。スキルや能力で自分が会社や社会に提供できるものと、給与やキャリアなど自分がその仕事を通じて得ることができるもの。そのバランスが取れているか、常に考えてください。

自分の生活を守るのは自分しかいません。そして、生活のために、お金は絶対に必要なものなのです。

いままでの日本では、就職の面接で給与体系などお金に関する質問をするのは、憚《はばか》られる雰囲気がありました。これからはそんなこともなくなるでしょう。同じ会社でも働き方によって得られる収入は違うというのが普通になるわけですから。

就職について話すとき、みんなが当たり前のようにお金のことを話すようになる。そういう時代が来ています。誤解をしてほしくありませんが、お金のことをきちんと話すということは、給料の高い低いで仕事を決めるためではありません。自分の能力が正当に評価される会社かどうか、自分が給与に見合った仕事ができるのか、さらにその仕事をしたらどういう生活ができるのか、幸せとのバランスが取れているか、そうしたことを見極めるために話すのです。

会社に勤めないという選択肢

日本で働く人の約9割が会社員のように、給料をもらうカタチで働いていると書きました。では残り約1割は？　というと、それがいわゆる自営業といわれる人たちになります。自分で事業を経営し、稼ぐという働き方です。日本で働く10人に1人くらいがそういう働き方をしている計算になります。

職種は実にさまざまです。たとえば町の八百屋さんやパン屋さんも多くは自営業です。ヘアスタイリストやデザイナー、フォトグラファー、漫画家といった人たちも、ほとんどが自営業。農業や漁業、畜産業など、数え上げればきりがありません。

会社員との一番の違いは、仕事をはじめるにはある程度の経験や知識が必要だということ。たとえば料理人や大工のように一人前の職人になるまでに見習いからはじめて何年か修業をするのが普通な職種もあれば、システムエンジニアやプログラマーのように会社に勤めて経験を積むことのできる職種もあります。また、その経験を積む前に大学や専門学校で知識を学んだほうが有利な仕事もあれば、試験を受けて資格を取る必要のある仕事もあり、さまざまです。

さらに同じ職種でも、その人の能力や仕事のやり方によって、収入がかなり違うのが自営業の特徴です。誰かに雇用されている場合、社員でもアルバイトでも最低賃金《ちんぎん》が決められていますが、自営業にそのようなものはありません。自営業は究極の成果主義ともいえます。自営業として一人ではじめた仕事がとてもうまくいき、数十年後に大会社の社長になった、ということだってあります。もちろん、毎月十分な収入が得られなくてもう一度会社員に戻ったり、仕事をかけ持ちしたりするようなこともあるでしょう。

それでも独立して思いっきり自分でやってみたいという仕事にいつかめぐり会ったら、挑戦してみる価値はあります。自分が思うとおりにチャレンジして、その結果がすべて自分に直接はね返ってくるというのは、とても面白いし、やりがいのあることだから。

自分で新しい仕事を創《つく》る

仕事のカタチとして、とくにここで取り上げておきたいのが起業家です。起業とは、新しい事業を起こすことで、これまでに存在しなかった新しいサービスやビジネスモデルを創ること。こうした新しい事業に取り組むために生まれた企業のことを、ベンチャー企業といいます。

たとえばアップルのスティーブ・ジョブズやフェイスブックのマーク・ザッカーバーグ、マイクロソフトのビル・ゲイツといった名前を聞いたことがあるでしょう。彼らはみな、これまでになかったものを世に送り出し、大成功をおさめた人たちです。アップルは、会社の価値を表す時価総額という指標が世界で初めて1兆ドル（約110兆円）を超えた会社ですが、さいしょは小さな小さな会社でした。スティーブ・ジョブズという若者が友人のスティーブ・ウォズニアックとコンピュータゲームの回路を修正する仕事を請け負ったのが、そもそものはじまりでした。彼らがいまの水準から見たらまるでおもちゃみたいな世界さいしょのパーソナルコンピュータ『アップルⅠ』をつくったのは、ジョブズの自宅のガレージだったという話が残っているくらいです。

フェイスブックも、マーク・ザッカーバーグが大学時代に思いついた校内の学生向けのインターネット・サービスがはじまりでした。いまや、時価総額で世界上位です。

彼らがゼロから起業した会社が、短期間で世界有数の大会社に成長したのです。

みんなと同じことをしていたら、みんなと同じものしか得られません。これはお金のことだけではなく、幸福感や喜び、やりがい、達成感、人からの信頼、そういったすべてのことを指します。人よりも社会に役立ったり人を幸せにしたりすることができれば、みんなより多くの幸せを得ることができるのです。

ジョブズやザッカーバーグのような大成功をおさめた人たちは、いずれも人と違うこと、新しいことに挑戦し、これまでになかったものを生み出し、社会を大きく変えました。

起業にはそうした可能性があります。もちろん、簡単に成し遂げられることではありません。新しいアイデアで起業するベンチャー企業だけの数字ではないですが、ここ最近の日本ではだいたい平均すると、年間12～13万社の新しい会社が設立されています。しかし、投資家から資金を調達することのできるベンチャー企業は国内で、年に1000社程度というデータもあります。こうした数字を見比べてもわかるように、新しい会社を興《おこ》しても、投資家の支援を受けるということはとても難しい。失敗に終わるケースがほとんどなのです。ジョブズやザッカーバーグは、そのなかの奇跡のケースといえます。だからといって、君が奇跡を起こせないというわけではありません。君がこうした奇跡を起こす人かどうかは、やってみなければわからないのです。

アイデアのほとんどはモノにならない

投資家の僕のところには、成功するかしないかわからない新しいアイデアがたくさん持ち込まれます。アイデアをカタチにして世の中へ送り出すにはお金が必要で、その資金を提供するのが投資という仕事だからです。

100の新しいアイデアが持ち込まれたとして、僕が本気で投資をしてみようという気持ちにさせられるのはひとつあるかないか。正直にいえば、ひとつもないことのほうが多いです。僕の見方は厳しすぎるかもしれません。そして、僕は、自分がわからないことには投資をしないと決めているので、僕が投資をしなかったアイデアに、他の人が投資して成功したケースもあります。

いずれにしても起業して成功させるのは簡単なことではありません。自分一人ならまだしも、一緒に頑張っている仲間の生活だって背負わなければならない。雇われて仕事をしているなら、耐えられなくなったら辞めるという選択肢がありますが、経営者には、それがありません。会社を倒産させて、すべてを終わりにすることはできるものの、そのダメージの大きさは、自分一人が会社を辞めるのとは比べものになりません。自分を信じて働いてくれている人たちと、場合によってはその家族まで苦しめることになるわけですから。

ではどうしたら、起業で成功できるのか。

ジョブズやザッカーバーグにしても、さいしょの出発点はアイデアでした。

「何億円もするコンピュータを小型化して、世の中の誰もが使えるようになったらどうだろう」

「インターネットで簡単に友だちの消息がわかるようになったら面白いんじゃないか」

そんなアイデアが、彼らを突き動かしました。

君たちも日常生活のなかで、何かを思いつくことがあると思います。みんなが困っていることや、あったらいいなと思っていることやモノを、自分が創ることができないか。こんなふうになったら便利だな、こんなサービスが生まれたら暮らしやすくなるんじゃないか。誰だって、そうしたアイデアが浮かぶことがあるはずです。

けれど、実際にそのアイデアをカタチにできる人はほんの一握りです。それを事業として続けていける人はさらにその一握り。アイデアと成功の間には、数限りない現実の壁が立ちはだかっているからです。

ジョブズやザッカーバーグの成功の秘密は、アイデアを実現させるために、果敢《かかん》に現実に向き合い、壁を乗り越えていったところにあります。どうして、彼らは途中であきらめることなく、それができたと思いますか？　彼らは、自分たちが取り組んでいることが、いつか絶対に人や社会の役に立つと確信していたから。そうやって世界を変えることが、自らのミッションだと思ったのだと思います。そしてそれをやり続けることがとにかく楽しかったのでしょう。そして壁を乗り越えたあとにできるであろう新しい世界が、彼らにだけは「ビジョン」としてはっきりと見えていたのだと思います。

ミッションを見つけるにはビジョンが必要です。先ほどミッションとは使命のようなものと話をしましたが、ビジョンとはその先にあるゴールのようなもの。そこにたどり着くために自分がやるべきこと、自分にしかできないことがミッションで、ミッションとビジョンはかならずセットです。世界や社会をこんなふうにしたいというビジョンがあって、それのために自分ができることがミッション。仕事は、ミッションを達成するための手段です。ミッション達成のための道はひとつではなく、仕事を含め、できることはきっといくつもあるのです。こっちがダメならあっちから行ってみよう、あっちもダメだったから回り道をしてみよう。そんなふうに、ビジョンとミッションが明確にあれば、途中うまくいかなくて試行錯誤をしたとしても、路頭に迷うようなことはありません。つらいことがたくさんあったとしても、頑張り抜くことができるのです。

世界は少しずつ変わっていく

テクノロジーの進化によって、ジョブズやザッカーバーグほどの規模ではないにしても、新しいアイデアをもとに起業をすることがかつてより簡単になりました。新しいビジネスをはじめるために、何よりも大事なことは、アイデアをまずカタチにするための資金、そして一緒に働いてくれる仲間を探すこと。

自分がお金を持っていればいいけれど、素晴らしいアイデアだけしかない場合、そのアイデアをもとにお金を集めるというのは、少し前まで本当に大変なことでした。運良く君のアイデアに投資をしてくれる投資家に出会えればお金を出してもらえる可能性も生まれるけれど、そこにたどり着ける人は、ほんの一握り。ほとんどの場合、お金がなくて、もしくは資金が尽きて、アイデアをカタチにさえできないのが現実でした。

でもいまは、アップルやアマゾンにお金を投じていた投資家たちの成功を見て、新しいビジネスをはじめようという人に、お金を提供してくれる人たちが格段に増えてきました。また、たとえばクラウドファンディングといった仕組みができたことによって、「投資」を生業《なりわい》にしていない人たちからも、お金を集めやすくなったのです。世界の反対側にいる投資家のところに出向かなくても、自宅のパソコンの前にいるだけで、お金を広く、世界中から集めることができるような仕組みもできました。君の頭にふっと湧いたアイデアが、世界中からのサポートを受けてカタチになるかもしれない。それで誰かを幸せにしたり助けたりできるかもしれない。考えるとワクワクしませんか？

アイデアが際立《きわだ》って優れていて、それを支える綿密なビジネスプランを考え抜けば、お金を提供してくれる人は以前よりも格段に見つけやすくなりました。アイデアはあるけれど、お金が足りなくてカタチにできないという優秀な人材や会社にとっては、こんなにチャンスに溢《あふ》れた時代はないのです。

逆にクラウドファンディングによって、投資家ではない一般の人だって、自分のできる範囲での投資をすることが可能になったともいえます。自分が共感して応援したくなる事業に、たとえ少額であっても、投資をすることができる。その事業の行く末

を自分ごとのように見守ることができる。それも、考えるとワクワクしませんか？

もちろん現実は甘くはありません。

お金が集められなくてあきらめる、お金は集まったけれどアイデアがうまくカタチにならない、カタチになったけれど世の中に浸透《しんとう》しない……うまくいかないことのほうが多いのです。でも、これはやってみなくちゃわからない。だから僕は、うまくいかない可能性のほうが高いことも理解したうえで、それでも挑戦してもらいたいと思うのです。チャレンジしないであきらめるより、失敗したとしても思いっきりチャレンジしてみるほうがいい。

そうした一人一人の失敗と成功の積み重ねによって、世界は少しずつ変わっていく。

起業とは新しい仕事を生み出すことであり、新しい仕事が生まれることで、世界は変わり続けていくのですから。

新しいアイデアが、世界を変え、人々の暮らしを豊かにする。

投資という仕事は、お金という道具を使って、その手助けをすることでもあります。

ことによれば、僕がいつか君にとってのさいしょの投資家になることがあるかもしれません。そんな日が来ることを楽しみにしています。

〈番外編〉僕のミッション

世の中が大きく変わりつつあるいま、ＡＩの登場によって、これまでの僕たち人間の仕事の多くがＡＩにとって代わられるといわれています。実際にそうした状況が近い将来に起きることはたしかです。だからこそ、これからの時代、どんな仕事をするのがいいのか、どんな働き方がいいのか、いままで以上に考える必要があります。こうしておけばうまくいく、というこれまでのセオリーはもはや役に立たないのです。

それでは何が重要になるかといえば、自分自身を見極める作業です。自分が得意なこと、自分が楽しいと思えること、自分が好きだと思えること、誰かのためになると思えること、自分がミッションを感じられること……。「自分は何がしたいのか、自分に何ができるのか」ということをとことん考え、ＡＩにとって代わられない「何か」を見つける。こうした「人間にしかできないこと」「自分にしかできないこと」

が、より重要になってくると思います。そしてそこには、かならず君のミッションがあるはずです。

僕自身がどんなふうに自分のミッションを見つけ、生きてきたかをここに記します。さいしょの仕事を選んだ理由、ミッションを見つけて独立したこと、そしていまどんな気持ちで働いているか。仕事とミッションと生きがいについて、君たちの参考になるかどうかはわかりませんが、一人の先輩の個人的な経験として読んでみてください。

小さな頃からお金が大好きだった僕が10歳でさいしょに買ったのは父が飲んでいたサッポロビールの株でした。毎日、新聞を隅《すみ》から隅まで読んで、どんな株を買ったらお金が増えるかを考えるのが楽しくて楽しくて仕方ありませんでした。将来は投資家として生きていくと、その頃にはもう決めていました。

お金のこと以外で好きだったのが生物で、中学高校では生物研究部に属します。そして大学への進学を考えはじめた頃には水産学部に行くつもりでした。投資家になりたいという気持ちはあるものの、投資は仕事にしなくても続けていけるので、仕事にするのは大好きな魚の研究にしようと思っていました。

ところが結局、法学部に進学しました。

「国家というものを勉強するために、官僚になれ」と父にいわれたからです。日本が統治していた頃の台湾に日本人として生まれ、戦後日本国籍を剝奪《はくだつ》され、母との結婚によって再び日本人となった父は、日本という国に対して普通以上の思い入れがあったように感じます。

父の希望どおり国家公務員試験を受け、僕は通産省（現在は経済産業省）という役所に勤め、公務員として16年間働きました。法律をつくり社会をより良くするのが、役所の主な仕事です。僕は毎日、「日本のあるべき姿」について考え、その姿に近づけるためにがむしゃらに働きました。役所での仕事は刺激的で面白かった。組織のルールや論理に従わなければならないこともたびたびあって、納得のいかないことも多かったけれど、とてもやりがいのある仕事だったし、いろいろな人と出会い、いろいろな経験をさせてもらいました。そんななか、僕の大きな転機となったのは、「コーポレート・ガバナンス」という考え方を日本に浸透させる仕事の担当になったこと。コーポレート・ガバナンスとは、日本語にすると「企業統治《きぎょうとうち》」といい、会社の経営がきちんとルールにのっとって行われているか、株主など会社に関わるすべての人にとって最善と思われる経営が行われているか、監視する仕組みのことです。

僕が通産省に入った頃急成長を遂げていた日本は、１９９０年代初頭に「バブルの崩壊」を迎えました。昨日までそこにあったはずの資産が、泡《バブル》がはじけるように一気に失われたのです。多くの会社が倒産したり、昨日まで大金持ちだった人が破産したり、家計を支える親が職を失ったり……。日本は大変な時代に突入しました。そんな状況からなかなか抜け出すことのできない日本を見ていて、「再び日本を元気にしたい」「みんなが安心していろいろなことにチャレンジできる社会を取り戻したい」と思いました。「僕に何ができるだろう。何をすればいいんだろう」とずっと考えていたときに出会ったのが「コーポレート・ガバナンス」という考え方でした。僕には、「コーポレート・ガバナンス」が行き届いた日本の社会が、ビジョンとして見えました。

お金が日本の社会でぐるぐるめぐり、みんなが生き生きと働き、元気いっぱいの日本。そのためには、バブル崩壊を経験し、すっかり守りに入ってしまった日本の会社を動かさなければ。そこを変えなければこのまま日本は復活できない。子どもの頃からずっと投資を通じていろいろな会社を見てきた僕は、「僕ならそれができるかもしれない。いや、きっと僕にしかできない」と思いました。「よりしなやかで、誰にでもセーフティネットのある元気な日本」。このビジョンに向けて、僕は明確なミッションを見つけたのです。

「コーポレート・ガバナンス」は、欧米ではとっくの昔に浸透している考え方ですが、日本では最近になってようやくガイドラインができ、上場企業における重要性が広まってきたという段階。僕が役所で担当になった頃、日本では上場企業の社長でさえ、「コーポレート・ガバナンス」という言葉を知らない人のほうが多かったような時代でした。僕はなんとか役人として日本のために「コーポレート・ガバナンス」を浸透させたい、と躍起になって取り組みました。でも、結論からいうと、いろいろな挑戦をしたけれど、当の会社はなかなか重い腰を上げてくれなかった。「コーポレート・ガバナンス」なんて知らなくても、立派にいままでやってきたんだからそれでいい、と思っていたのかもしれません。

「このままじゃ日本はどんどん世界から置いてきぼりになる」。僕はミッション達成のために、どうしたらコーポレート・ガバナンスを日本に浸透させることができるのか、来る日も来る日も考えました。そして、役人という第三者の立場で会社にあるべき姿を語るのではなく、投資家として、直接的に関わることのできる株主として働きかけていくほうが、会社がより早く「コーポレート・ガバナンス」の重要性に気がついてくれるのではないか、と思うようになりました。もともといつかは投資家として生きていきたいと思っていたので、その想《おも》いに背中を押され、40歳を前にして独立し、投資ファンドを設立したのです。

投資ファンドというのは、みんなからお金を預かって、そのお金を増やすために、株式投資などを通じて運用しています。僕はその投資ファンドの責任者として、いくら、何に投資をするかということを決める、ファンドマネージャーになったのです。

まさに、僕が子どもの頃から得意とし、ずっとやってきた大好きなことです。もちろん世の中にはファンドマネージャーと呼ばれる人たちが僕以外にもたくさんいて、その全員が、人から預かったお金を増やそうと必死に勉強し、毎日株を売ったり買ったりしています。そのなかで僕が「お金を預ける先」として選ばれるためには、他のファンドマネージャーよりも、「もっとお金を増やしてあげられる」と証明しなくてはいけません。

僕は増やすことについて自信はあったけれど、ファンドマネージャーとして人に見せることのできる実績はまだありません。それではファンドをはじめるためのお金は集まらない。だから僕は、「もっと日本を良い国にするために、投資を通じてコーポレート・ガバナンスを日本に浸透させたい」という、僕の想いを伝えました。それが僕のミッションであり、ファンドを立ち上げる理由だったからです。

コーポレート・ガバナンスが浸透すると何が良くなるのか……。お金は社会における血液だといいましたが、このめぐりが良くなるのです。前にも書いたとおり、日本の会社が明確な理由もないままに必要以上にお金を貯め込んでいることが大きな問題だと僕は思っています。流れるべきお金の多くが、ここでストップしてしまっているからです。これを変えられれば絶対に日本の経済はもっと良くなり、世界から見ても魅力的な国になる。僕はずっとそう信じています。

この問題意識を共有してくれる人たちが、まず僕にお金を預けてくれました。さいしょにファンドが預かった38億円は、運用がうまくいってどんどん増えていきました。それからは「私たちのお金も預かってほしい」と頼まれるようになって、7年後、ファンドの運用資産は5000億円近くにまでなりました。ファンドとしては、大成功でした。でも、その7年間で僕の目指していた日本に変えることができたかというと、答えはNOです。少し難しくなるからここでは詳しく書かないけれど、7年間、自分のミッションとファンドマネージャーとしての成功の間で苦しんだことや、ファンドマネージャーを辞めた理由は、『生涯投資家』（文藝春秋）という僕の本に書きました。君がもう少し大きくなったらぜひ読んでもらいたい。

そして、ファンドマネージャーは辞めましたが、いまも投資家です。変わらず「日本にコーポレート・ガバナンスを浸透させる」というミッションの達成に向けて日々挑戦を続けています。ミッションを達成する方法（仕事）はひとつではないといったとおり、仕事は替わっても、ビジョンもミッションも変わっていません。ファンドマネージャーの頃は、人から多くのお金を預かっているので、損を出すわけにはいきませんでした。だから、ミッション達成に向けてもう少し粘りたいところでも、自分の目標より、僕にお金を預けてくれている人たちのことを考え、あきらめなくてはならないこともありました。でも、いまは自分のお金だけを投資しているので、損をしても失敗しても、自分の意志で戦うことができます。ミッションだけをひたすら追いかける日々です。

もうお金は十分あるし、働く必要はないでしょうといわれることもありますが、とんでもありません。嫌なことも残念なことも山のように経験しましたが、それでも僕は株式に投資をするということを仕事にできて、本当によかったと思っています。仕事を辞めるなんて、それこそが、僕にとっては一番苦しいことです。大好きなことだし、ミッション達成に欠かせないことだから。

仕事をすることで、僕は天命《てんめい》ともいうべきミッションに出会い、そしてそれが僕の生きがいになりました。もちろん嫌なことやうまくいかなくて悲しい気持ちになることはいまでもいっぱいあるけれど、こうして自分が得意なこと、好きなことを仕事にでき、ミッションを追求できる人生を、僕はとても幸せに思っています。そして、その挑戦をサポートしてくれた家族、あとを追ってくれている子どもたちにも恵まれたことを、僕はとてもありがたいと思っています。

5 稼いだお金を貯めて増やす

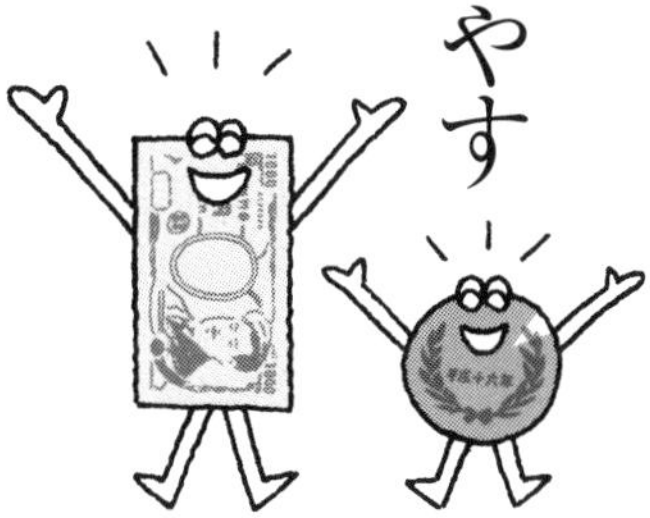

お金は、お金を生む卵

お金は稼いで貯めて、回して増やす。増えたらまた回す。そのサイクルが大事だと繰り返し書いてきましたが、本章ではどうしたら貯めて増やせるのかについてお話ししましょう。まずは貯める話から。

父には口癖がいくつかありました。ひとつは前にも書いたとおり、「お金は寂しがりや」。そしてもうひとつが「お金がないと何もできない」。

幸いにも、僕は小さい頃から無駄遣いが大嫌いだったので、投資をして増やしたお金は、何かに使うのではなく、また投資に回していました。せっせとお金を貯める、増やすを繰り返していたわけです。当時は、そのお金で何か特別にしたいことがあったわけではありません。ただ、いつか何かをするときのために、という気持ちがあったのは事実です。いつか何かをやるときに、お金がたくさんあればあるほど、大きいことが実現できる。そのときのために、いまはとにかく貯めよう。そんな気持ちでいました。それで、とくに具体的な夢などがあったわけでもないのに、貯めたお金を回して増やし続けていました。

何歳まで続けたと思いますか？

40歳です。40歳で役所を辞めて独立するまで、僕はお金を貯めて、回して増やし続けました。そして40歳でファンドマネージャーとして人生の次のステップに進むとき、ようやく、その資金は僕の力となってくれました。

ここで少しだけ補足しておきましょう。1章で「貯め込む」ことはお金のめぐりを止めてしまうことだと書きました。「貯める」と「貯め込む」の違いが、君にももうわかりますね。「貯める」というのは目的を持ってお金を増やすこと。いくらになったら家を買おうとか、事業をはじめようとか、具体的な使い途《みち》があるとき。一方で「貯め込む」というのは目的がないまま、ただただお金を手元に抱え込み放さない状態のことです。

もちろん貯める、貯めないも含めてお金の使い途は人それぞれです。貯金するよりも高級スポーツカーにお金を投じる人、高い時計を集めるのが趣味の人もいる。自分が幸せと感じるお金の使い方なら、それもいいと思います。

ただ、僕の経験からいえるのは、お金こそが、お金を生む卵＝金の卵だということ。だからもとになるお金をまず貯めることが出発点です。ゼロはいつまで経ってもゼロのままですが、貯めれば金の卵になって、人生の局面ごとに力を発揮してくれる。どんな人生を歩むにせよ、まずは貯金をつくることからはじめましょう。

卵をつくる　2割を貯金してみよう

では、具体的には、どうやったら貯金ができるのでしょう。さいしょに話をしたように、大人になると、日々の暮らしのために出ていくものも多くて、なかなか貯金ができないものです。とくに社会に出たての頃はお給料は少ないのに、家を借りなければいけない、会社に着ていくスーツも買わなくちゃいけない、などと、入るものに比べて出ていくものが多いので、貯金にお金を回すのはとても難しいでしょう。

それでも、落ち着いてきたら、僕は、たとえば稼いだお金の7割を生活費として使

1
趣味
2
貯金
7
生活費
貯金

う、1割を趣味や楽しみのために使う、2割を何かのときのための貯金にする、そのくらいのバランスがいいのではないかと思っています。この2割が、「お金を生む卵」になります。逆にいえば、稼ぐお金の7割くらいでできる生活をする、ということです。

でも、どうやってお金がお金を生むんだろう？　君がもらったお年玉を引き出しのなかに入れておいても、絶対に増えません。お金が増えるにはルールがあります。それは、お金を「回す＝めぐらせる」こと。お金を「流れ」にのせるということです。山の頂上のせせらぎが、海の手前に来る頃には大きな川になっているように、お金は流れると増えていくのです。

お金を得たときに、まず一番にみんなが思いつくのは、銀行に預けることだと思います。すでに口座を持っている人もいるかもしれないけれど、明細を見ると、金利というものが付いていると思います。これは、少ないけれど、お金が生むお金です。

銀行は、いろいろな人からお金を預かり、そのお金を、必要としている人に貸します。銀行からお金を借りている人は、銀行に金利を払います。銀行は、お金を貸している人から金利を受け取り、その一部を、お金を預けてくれた人に払っているのです。

100万円
借りる
100万円
預ける
○△銀行
+
105万円
返す
（金利5％）
101万円
預金
（金利1％*）
＊金利が0.001％だと
100万10円
105万円－101万円＝4万円
は銀行の収入

こうして、銀行に預けたお金は、一応、社会のなかを流れてはいるのです。

でも、最近、銀行が預かるお金に付く金利はとっても低いから、銀行に預けてもお金はそれほど増えません。日本の銀行の平均的な金利は0・001％くらい。たとえば100万円を1年間銀行に預けても、金利としてもらえるお金はたった10円です。これでは、「金の卵」を生んでいるとはいえません。

そしてもうひとつ、銀行に預けておくとお金が減ってしまうということを覚えておいてほしい。この「減ってしまう」というのは実際の金額が減ってしまうということではありません。経済が成長している国においては、今日持っている100円は、5年後に同じ100円の価値を持っていないことがあります。こうしてお金の持つ価値が下がっていくことをインフレーションといいます。

たとえばいまから約50年前の1970年頃にはラーメン一杯を250円で食べることができました。ところがいまラーメン一杯を食べようと思うと、最低でも500円くらいかかります。なぜ値段が倍になったのか？　答えは、50年の間に、1円の価値が半減したからです。50年前に100万円で買うことのできたモノをいま買おうとすると200万円を支払わなければならないのです。

〈50年前〉
¥250
〈現在〉
¥500

そうした状況で50年前に１００万円を銀行に預けたと想定します。金利を０・００１％とすると、いま１００万５００円になっています。

さて、ここが考えどころです。たしかに額面上は５００円増えたものの、１００万円の価値自体が半減している。銀行に預けても、お金が「減ってしまう」というのは、こうした状況のことを指しているのです。

リスクとリターン

せっかく頑張って貯めても、銀行に預けるだけでは、金の卵を生むどころか、お金の価値が減ってしまう。それでは意味がありません。日本人は世界的に見ても自分たちの持っているお金のほとんどを貯金している人が多いといいました。一方で世界では、貯金をするよりも「投資」に回す割合のほうが高いのです。ひと言で「投資」といっても、債券や、たとえば不動産、もしくはワインやとうもろこしなど、対象はいろいろです。仮想通貨もいまは投資の対象になっています。

「将来的にきっと価値が上がる。いま払うお金よりも多くのお金が、いつか返ってくる（これをリターンといいます）」と思えるなら、投資をするべきでしょう。

投資をして得られるリターンは、銀行に預けてもらえる金利より多いのが一般的です。とくに長い時間のなかで見れば、確実にそうです。たとえば何かモノに投資をする場合、インフレーションが起きても、そのモノの価格も一緒に上がるので、その時代の価値がきちんと反映されることになります。先ほどの事例でいえば、50年前に投資をした100万円は、少なくとも今日2000万円の価値があるはずです。

では投資の代表格ともいえる株はどうでしょう？　株は、もちろん時代に合ったお金の価値も反映されますが、個別に見ると、その会社の調子や今後の活躍を投資家がどう予想するかで値段（株価）が決まります。ある会社が長い間順調に頑張って事業を行い、たくさんの利益を上げていたら、50年前に100万円で買った株は、いま頃2000万円になっている可能性だってあるし、途中で会社がつぶれてしまったり、事業がうまくいかなくなって利益を上げていなかったりしたら、10万円、もしくはゼロになってしまうことだってあります。

大人がリスクという言葉を使っているのを聞いたことがあるかもしれません。リスクとは、「危険性」ということで、お金の話をするときに使われる「リスク」とは、お金が減ってしまう危険性のことです。そう、銀行預金よりちゃんと増やしたいと思って投資をしても、投資には「リスク」がつきものなのです。投じたお金のすべてを失ってしまう可能性さえあるのです。

投資した以上にお金が戻ってくる「リターン」と、投資したお金が減ってしまう「リスク」には、一定のルールがあります。

リターンが低いものは、リスクも低い。リターンが高いものは、リスクも高い。だからどうやってお金を増やそうかと考えるときに、リターンとリスクがセットであることを忘れてはいけない。

どのくらい増やしたいのか、そのためにどのくらいのリスクを取れるのか（万が一うまくいかなかった場合に、どのくらいのお金がなくなっても平気か）、よく考えること。いっぱい増やしたいからといっていまあるお金を全部リスクの高い投資に回せば、1年後にお金が倍になる可能性もあるけれど、ゼロになる可能性も高いのです。お金を増やすには、リスクとリターンを比較して、自分に合った配分をしなくてはいけません。

自分に合った配分を考えて、少しでもいいからお金を回しましょう。投資をして、資産の一部を社会のなかでめぐらせましょう。リスクはあるけれど、回さなければお金は増えないし、お金が回ることで経済が成長し、社会が前に進んでいくのです。基本的に、君が送り出したお金はいろいろなカタチで君のもとに、より大きくなって返ってくるものなのです。

ここまで読んで君はどう思っただろう。そう、お金を増やすことは簡単ではありません。どんな方法を選んでも、かならずリスクが付いてくる。「リスクが低くて手っ取り早くお金を増やす方法はないのか？」と考えるかもしれないけれど、そんなものはありません。僕のもとには、「お金儲けの極意」について教えてほしいというリクエストがたくさん来ます。いつかそんな本を書くこともあるかもしれないけど、この段階で僕がいえるのは、「お金を増やすことに近道はないし、魔法もない」ということです。何度もいいますが、まずは何事も自分の頭で考え、物事を数字でとらえるクセをつけること。そして次の項で紹介しますが、僕が投資を行う際にもっとも大切にしている「期待値」という考え方を身につけること。これが、お金を増やしていくうえで何よりも大切だと僕は思っています。

増やすための秘訣　期待値という考え方

僕は株への投資を通じてお金を増やしてきました。そんな僕が株の投資をするときにもっとも重視するのが「期待値」という考え方です。

期待値とは、儲かる確率のこと。100円である株を買ったときに、将来それが300円になる可能性はどれくらいか、逆に50円になってしまう可能性はどれくらいか、ということを自分なりに一生懸命考えて、期待値を割り出します。

たとえば100円で買った株が3倍（300円）になる可能性が10％、0・5倍（50円）になる可能性が90％だとしましょう。その場合、期待値は、3×10％＋0・5×90％＝0・75となります。

期待値の基本は1です。1というのは、100円が100円のままであるということ。

100円が100円のままである可能性が100％のとき、1×100％＋0×

0％＝1となります。ですから、1を上回るときには期待値が高い、下回るときには期待値が低い、となります。期待値が高ければ高いほど、うまくいったときの儲けは大きくなる。

では、100円で買った株が10倍（1000円）になる可能性が10％、0・5倍（50円）になる可能性が90％だったらどうでしょう。

10×10％＋0・5×90％＝1・45となります。

大きく1を上回っているから、期待値は非常に高いといえます。

期待値は、たとえばじゃんけんを10回やったら自分が何回勝つことができるかという勝率とは別ものです。勝つ可能性が低くても、その少ない可能性のなかで勝つことができたら、どれくらい大きなものを得ることができるのかということを予想する数字です。

また、期待値は、何倍になるか、そして％で表している「可能性」を自分で考えて数字を当てはめなくてはいけないというところが大きなポイントです。

ここで、1章で紹介した「物事を数字でとらえる」ということが生きてきます。国

100円の株が100円のままである可能性が100%のとき

$$1 \times 1 = 1$$

（1倍）　（100%）　（基準値）

A

株 ¥100 → 株 ¥300 になる可能性 → 10%

株 ¥100 → 株 ¥50 になる可能性 → 90%

$$(3 \times 0.1) + (0.5 \times 0.9) = \mathbf{0.75}$$

B

株 ¥100 → 株 ¥1,000 になる可能性 → 10%

株 ¥100 → 株 ¥50 になる可能性 → 90%

$$(10 \times 0.1) + (0.5 \times 0.9) = \mathbf{1.45}$$

については成長率や現在のＧＤＰ、人口、借金、こうした大きな経済の指標はもちろんのこと、為替レートや土地・住宅の価格、平均的な所得なども全部数字で見ることができます。まずこうしたものをすべて頭に叩《たた》き込む。こうした多くの数字を自分なりに頭のなかで整理して考えていくと、世界でのその国の位置や今後の予想が自分なりに見えてくる。いろいろな数字を自分の経験や勘などとすり合わせながら、株だったら？　土地だったら？　といろいろな期待値の式に当てはめてみるのです。こうすることで、どこの国でどのような投資をするべきかがおのずとわかってきます。

投資するべき対象が決まったら、次はもっと細かい数字に目を向けます。株式だったら業界全体の規模や個別の企業の業績、その推移、資産、借金、従業員数、とにかく入手できるありとあらゆる数字を自分の頭にインプットします。こうして、世界から見たその国の位置づけ、その国における事業の状況、そこにおける企業の状況などをすべて数字で把握して、その数字から期待値を導き出すのです。

期待値に正解はないし、多くの人がそれぞれの経験や勉強によって勝手に出しているものだから、自分で考えて割り出した期待値が、本当にそのとおりになるかどうかは、誰にもわかりません。でも、ひとつでも多くの数字を頭のなかに入れて、データとして蓄積していくこと、そこに自分の経験値が加わることで、期待値の精度は上がっていきます。さらに、そのときの状況や思わぬ出来事が起きた際にどういうふうに対応するか、順調なときでも、期待値をさらに上げるために何かできることがあるかを考え実行することで、この期待値を下げない、もしくは高めていくことができるのです。

残念ながら、こうして「物事を数字でとらえる」というのは今日やろうと思って急にできるものではありません。小さな頃から、数字に親しむ、数字で覚える、数字で考えるという練習を繰り返し、数字に強くなることがとても大事なのです。

トカゲのしっぽ切り

通常、期待するリターンの高さとリスクの高さは一緒に上がったり下がったりします。

株式投資におけるリスクとは、自分が出したお金が全く返ってこない、もしくは大きく減ってしまうことです。20×10%＋0×90%＝2という期待値のときに、100万円が2000万円になる可能性は10%しかない。でも、0円になってしまう可能性は、90%もあります。このように、ゼロになる可能性が非常に高いとき、ほとんどの投資家は「投資しない」という決断をします。でも僕は違います。期待値が「1」を大きく上回っているのですから、僕は投資をします。そして、2000万円になる可能性を、10%からもっと上げることができないか、と考えるのです。

ベンチャー投資は、まさにこのように、「ゼロになる可能性がとても高いけれど、成功したらとてもリターンが大きい」という投資です。そんなとき、僕は投資先の事業が少しでもスムーズに成長するように、自分の人脈やネットワークをフルに使って応援します。そうすることで、期待値を上げていくことができるのです。

期待値を考えるうえで、もうひとつ覚えておいてほしいことがあります。それは、「損切り」という考え方です。僕が周りを見て思うのは、お金で失敗する人の多くは、「損切り」が下手です。

損切りとは、「トカゲのしっぽ切り」と同じこと。トカゲは、自分のしっぽを誰かにかみつかれたり、何かにはさまって動けなくなったりすると、自分でしっぽの先を切り落として逃げていきます。そのとき、トカゲはしっぽの先っぽを失うけれど、大切な命を失わずにすみます。

物事の雲行きが怪しいとき、「これまでに投じたお金がもったいない」とか、「もしかしたらどうにかなるかもしれない」と、ずるずるしていては、ダメージは大きくなるばかりです。そこから急に回復したり大逆転したりするのは非常にまれなケース。雲行きが怪しくなったら、だいたいそのまま悪い方向に進み続けます。だったらダメージが少ないうちに、「これはもうダメ」とすっぱりあきらめる。あきらめる勇気を持つ。そしてそのダメージを回復することにエネルギーと時間を使ったほうがよっぽど生産的です。

わかりやすいので「株式投資」という切り口から期待値について話をしました。でも、この「期待値」の考え方は人生のほぼすべてに応用することができます。僕は自分の子どもたちにも、物事は「期待値で考えなさい」と常にいい聞かせてきました。「期待値」は、「幸せの基準」とは考え方が異なります。君が幸せと思えることにお金を使うのなら、期待値を気にする必要はありません。でも、お金を「上手に使いたい」「増やしたい」と考えるのなら、「期待値」は役に立つ考え方です。

たとえば、生命保険に入るとき、君が保険を利用することになる可能性をどれくらいと見込むか。保険に入らないリスクは貯蓄《ちょちく》で回避《かいひ》できないか、とか。キャリアアップのために勉強をしようと思うとき、費用以上のリターンを得られる可能性はどのくらいか。その可能性をより高めることはできないのか、とか。そういったお金を投じるさまざまな場面で、この「期待値」の考え方を試してみてください。

〈番外編〉期待値を上げるためのレッスン

自分で期待値を上げるためには、2章で紹介した食事の値段当てゲームやカードゲームを通じた訓練が役に立ちます。相手の対応を見て自分の戦略を変えたり、相手に自分の戦略を読まれないようにしたりするなど、ゲームに勝つことと、期待値を導き出し、その値を上げていくということは似ています。

たとえばポーカーというカードゲームがあります。かのマイクロソフトのビル・ゲイツや、資産家で投資家のウォーレン・バフェットも好んで遊ぶゲームです。僕自身はほとんどプレイはしませんが、やってみると、たしかに相手の心理状態を読み取る力、ブラフ（はったり）が上手な相手なのかどうかを見破る力、賭けに出るべきときとそうでないときを見極める力など、ビジネスに必要なエッセンスが凝縮《ぎょうしゅく》されていることがよくわかります。

実は長男が学生チャンピオンになったほどポーカーが得意なのですが、彼は、ポーカーで勝つために一番重要なのは、自分よりも「弱い相手（ＦＩＳＨ《フィッシュ》）」を見つけることだといいます。ここでいう「弱い相手」とは、つまりカードゲームの根本である期待値をきちんと計算せず（もしくはできず）、自分が降りるべきときに降りるという判断ができない、降りなくてもいいときに降りるという判断をしてしまうプレイヤーのことです。このようなプレイヤーがいないときには、すぐにゲームから降りて、「弱い」プレイヤーが現れるのを待つ。逆に、対戦相手が強く、このゲームにおける期待値が〝1〟を超えないときには、勝負をしてはいけない。また、こうしたゲームにおいて、対戦相手がいざというときにお金を出すタイプの人物かどうかを、相手の服装、言動、仕草などから複合的に考えたうえで、さいごは直感に頼り判断するといいます。

「たかがゲーム」では片づけられないほど、ビジネスと通じる判断力が求められているのです。

ポーカーに限らず、ゲームには生きていくための力を養う要素がたくさん潜んでいます。僕の家には4人子どもがいますが、彼らは小さな頃から家族でいつもゲームをしてきました。そのなかでも代表的なゲームをここで紹介します。期待値という考え方に慣れ親しめるように、家族や友だちとやってみてください。

〈じゃんけんゲーム〉

二人で行う対戦ゲームで、1ゲーム中、各プレイヤーは2回ずつグーチョキパーを出せます。確率論的には勝ち負けの可能性は全くのイーブンです。たとえば、1勝1敗1引き分けという状況で、自分にはグー2回とチョキ1回、相手にはパー1回チョキ2回が残っているとき、自分が今後の3回で出すことのできるパターンは3種類、相手も同じく3種類なので、勝負の組み合わせとしては9パターンとなります。この9パターンを考えたとき、現時点では1勝1敗1引き分けという状態でイーブンにも

1勝1敗1引き分け

かかわらず、この後どんな順番で残りの手を出しても、自分が負けることはありません。なので、単純に考えれば、自分にとっての引き分けと勝ちの確率は2：1となりますが、相手の行動パターンや気持ちの動きを読み取ることで、期待値は上げることができます。こうした計算を、瞬時に頭のなかで行い、相手のパターンも読み取りながら、次に出す手を考えていくことが重要です。

この場合、最終的に自分が勝つには残りの3回ですべて勝つ必要があります。自分のグーで相手のチョキに2回勝ち、自分のチョキで相手のパーに1回勝てば、自分が勝ちます。このとき、1回だけ使えるチョキを出してパーに勝つタイミングを見極めるには、相手がいつ守りに入るのかを見定めることが必要になります。

ちなみに僕はさいしょに引き分けたとき、次に出すのは同じ手であることが非常に多い。なぜなら、相手は2回しか使えない手の残り一手をすぐに出してくることはないと思っているからです。そうすると、相手は僕が同じ手を出さない前提で負けない手を出してくるから、結局2回目は僕に負けることが多くなります。ちなみに、1回目も2回目も同じ手を出して2回続けて引き分けたとき、勝つ確率、負ける確率はいくらでしょう。実はともにゼロで、引き分けしかないのです。

じゃんけんゲームは、ただゲームをするだけであればいたって簡単ですが、このゲームを通じて、相手の「現状を把握する能力」と、いつリスクを取ろうとするタイプかということがよくわかるようになっています。じゃんけんをする場合に、同じ手を2回連続で出すことはあまりしないのが一般的ですが、ゲームに慣れてくると、わざとさいしょに2回続けて同じ手を出して、相手の予想を裏切る行動に出るなどします。

僕の子どもたちの例でいうと、長女と長男がさいしょにリスクを取りにいくタイプ、次女は一旦相手の出方を見てから勝負に出るタイプ、13歳の次男はそのときどきで対応を変えるタイプのようです。子どもたちも、小さい頃には単純に勝ち負けの結果に一喜一憂していましたが、年齢が上がるにつれて、僕の性格を学び、変則的な勝負を仕掛けて僕と積極的に駆け引きを行うようになりました。


〈31ゲーム〉

このゲームは、瞬時に数字に強いか弱いかがわかるゲームです。ルールは簡単で、二人で交互に数字をいいながら、31をいうことになったほうが負け、というものです。

何個ずつ数字を進めていいかは、そのときどきで決めればいい。このゲームにはかならず勝つことのできるルールがあります。そのルールをいかに早く見抜くことができるかがポイントとなります。

たとえば、①最低ひとつ、最高で3つまで数字を進めていい場合の必勝法は、先攻となり、自分の進める数字の個数と相手の進める数字の個数の合計をかならず4つに保つことが勝利の鍵になります。

次に、②最低ひとつ、最高で4つまで数字を進めていい場合の必勝法は、自分が後攻になり、相手が進める数字の個数と自分が進める数字の個数の合計を5つに保つことでかならず勝つことができます。

ポイントは、自分が勝つためにさいごにいうべき数字は、31から1を引いた30であり、どうしたら自分が30といえるか、です。かならず30と自分がいえるようにするためには、一定の数字の倍数で進んでいく必要がありますが、その一定の数字とは、一人がいえる数字の数＋1（この数字をAと呼ぶ）です。

逆にいえば、30からAをどんどん引いていくと、自分がいわなくてはならない数字

〈3つまで進めていい場合〉

			31
30	29	28	27
26	25	24	23
⋮	⋮	⋮	⋮
10	9	8	7
6	5	4	3
2	1		

30÷(3+1)＝余りが出る場合

先攻必勝

〈4つまで進めていい場合〉

				31
30	29	28	27	26
25	24	23	22	21
⋮	⋮	⋮	⋮	⋮
10	9	8	7	6
5	4	3	2	1

30÷(4+1)＝余りが出ない場合

後攻必勝

がわかる。たとえば相手が何個数字を述べても自分の番で倍数に基づいた数字でストップさせるためには、Aから相手が進めた数を引いた数が、自分が進めるべき数字の数となるのです。

①の事例の場合、相手がひとつ数字をいったら自分は3つ、相手が3つ数字をいったら自分はひとつ、とかならず1ラウンドに進む数字の数を一定に保つことができる数字がこのAという数字なのです。すると、倍数に基づいた1ラウンドのなかで、かならず自分が後攻にならなければ、このAという数字を自分のコントロールによって保つことができないことがわかります。

たとえば、30からAである4を引いていくと、26、22、18、14、10、6、2とさいごの数字が4の倍数ではなくなってしまう。こうして30÷Aという式で余りが出る場合には、自分がゲームそのものの先攻となり、あまりの2を先にいってしまい、進める数字の個数の残りがAの倍数である28となったところから、相手先攻で1ラウンドが始まるようにすることで、自らは1ラウンドでかならず4つずつ数字を進め、自分が30ということができるようにゲームをコントロールすることができます。

このゲームは、31ゲームと呼ばれていますが、11でも21でも41でも、進めることのできる数が最大2でも5でも、解説した法則を当てはめれば、かならず勝つことができます。僕はこのゲームを、仲間との食事の席などでもよく行いますが、この法則を早く見つけることができるかどうかで、その人の数字に対する能力を見極めることができます。

ちなみに、過去に自分の会社の社員のなかで、この法則を10秒で見抜いた人が二人います。彼らはやはり、仕事を見ていても会話をしていても、非常に数字に強く、いろいろな場面で負けない法則を見つけることに長《た》けていました。

こうした法則を見つけることは投資においても非常に重要です。株式市場、投資先企業のマーケット、投資先企業の対応パターンなど、投資に関わるさまざまな要因において法則を見つけることができるか、見抜くことができるかどうかということは、より精度の高い期待値の算定において欠かせない要素です。

〈七並べ〉

トランプゲームのひとつで、遊んだことのある人も多いでしょう。すべてのカードをプレイヤーに配り、7のカードを真ん中に出し、順にそれに続くカードを出して並べていき、先に手持ちのカードを出し終えた者が勝ちとなるゲームです。

ポイントは、各プレイヤーが、カードを出さなくて済むパスを3回使えることにあります。このパスは、本当に出せるカードがないときに使える他、出せるカードを持っているが、作戦として出さないという場合にも使うことができます。多人数でやる際には、パスを巧みに使い、要となるカードを持ちつつ、自分以外のプレイヤーに3回のパスを使い切らせ、ドボンさせることが重要なのです。

多人数でやる七並べは戦略性の高いゲームです。目の動きやパスのタイミングなどで、誰が自分の出してほしいカードを持っているか見定め、パスをしたりカードを出したりしながら、その相手が、自分の出してほしいカードを出すように仕向けなくてはなりません。僕の場合は、まず自分の手札を見て、自分がそのカードを出さなくても他のプレイヤーに影響が少ないカードから出していき、たとえば、同じ絵柄の6と8の組み合わせなど、僕が出さないことによってより多くのプレイヤーが影響を受けるカードを手元に残すことを基本戦略としています。

まずはじまった段階では数回パスをし、誰がどこを止めにいっているかを判断します。同じく、相手も、僕を含めその他のプレイヤーの行動パターンや手持ちのカードを推測しているから、相手が自分をどのように見ているかをさらに推測したうえで、どうやって相手の裏をかくかということを考え、手札を止めたり、ジョーカーを出したりと、さまざまな戦略を組み合わせて勝負します。普段、何げなくプレイをしている人も多いと思いますが、実は七並べは順番・手札・相手の反応が組み込まれた戦略性の高いゲームなのです。

6

お金と向き合うための覚悟

お金が凶器に
変わるとき

お金のもうひとつの入り口

お金は稼いで貯めて、回して増やす。これが基本です。でも、世の中には、お金が貯まっていなくても「お金を借りて使う」という選択肢もあります。この本のなかで、「お金を借りる」という機会はありとあらゆるところに散らばっているという話をしました。あまりに普通のことのようになっているから、お金を借りることがいかに怖いか、ちゃんと理解していない人が多いように思います。

最近、大きな問題となっているのは、進学のために借りる教育ローンです。将来希望の仕事や条件のいい仕事に就くために、専門学校や大学、大学院に進学したいと思う人も多いはずです。まだ、どんな仕事をしたいか決まっていないからとりあえず大学に入っていろいろと勉強しながら考えたい、という人もいるかもしれません。学費にお金を使うことには、大きな意味があると、僕も思います。勉強をできる機会があるなら、したほうがいい。でも、世の中のすべての人が、大学などの学費を簡単に払えるわけではありません。

いまや二人に一人の大学生が学費などの進学に必要なお金を借りているといわれています。そして借りたお金を返せず、家族や親せきまで巻き込んだ挙句に、自己破産するケースが過去5年で1万5000件にものぼっています。

たとえば日本で一番多くの学生が利用する日本学生支援機構のローンの場合、利子が付くものと付かないものの2種があります。利子が付く場合でも、銀行の学資ローンを組むより低く抑えられてはいますが、それでも利子が付くことに変わりはありません。また、利子が付かないにしても、借りたお金は返さなければなりません。借りるのは簡単です。手続きさえすれば、毎月自動的にお金が振り込まれて、生活が助かる。だけど、いざ返すとなると、社会に出て自分で働いて得られる収入のなかで返済していくのは、想像以上に大変なことなのです。

借りるのは簡単

借金は、借りるときは楽なのです。日本学生支援機構から借りる場合であれば、毎月2万円から12万円というお金が君の銀行口座に振り込まれます。毎月いくらの借入をするかというのはいろいろな条件から決まるのですが、たとえば8万円とすれば4年間で384万円のお金が手に入ります。そのお金は将来就職してから返せばいい。学生でいる間は、お金のことを心配せずに学問に専念できるわけだから、これはとてもいい制度のように思えます。実際にこの制度を利用して、毎年たくさんの人が大学や専門学校などで学んでいるのは事実です。

けれど、さっきもいったように借金は返さなければなりません。384万円のお金を借りるということは、384万円、もしくはそれ以上のお金を返さなければいけない。それは、お金を借りるときに想像するよりも、はるかに大変なことです。

4年間、毎月8万円のお金を教育ローンとして借りた場合、就職して給料から毎月

8万円を返すとしたら、すべて返し終わるには4年かかるわけです。毎月そんなに借金を返すのは難しいから実際には毎月の返済額を2万円とか3万円に設定することが多いそうですが、そうすると今度は返済期間が延びて10年も20年もお金を返し続けなければならない。そこに利子が付けば金額はさらに増えます。返済が滞れば、延滞金も発生し、最終的にはもともと借りたお金よりもずいぶん多い金額を返さないといけないケースもあるそうです。

連帯責任という落とし穴

実際、そのために苦労している人がたくさんいます。どうしても返せなくなってしまい、毎年3000人以上が破産しています。さらには自分が破産するだけでなく、自分の親まで巻き込んでしまうという例も少なくありません。教育ローンを借りるときには、親などが連帯保証人になり、自分でお金を返せなくなったときは、その連帯保証人が代わりに支払わなければならないからです。

教育ローンは便利な制度だけれど、そういう落とし穴もあります。せっかく将来のために教育ローンを利用して勉強したのに、そのローン返済のために自分の将来を、場合によっては自分の親の生活まで破壊《はかい》してしまうということがある。そういう現実も知っておいてください。

教育ローンで簡単にお金が手に入るから、大学とか専門学校にでも行って勉強してみようかなというくらいの軽い気持ちで制度を利用してはいけないということです。借りるなら、自分がそのお金を使って勉強することで、将来どれくらいお金を稼ぐことができるかまで考えておく必要があります。その計算がもしもプラスにならないのなら、教育ローンではなく別の方法でお金を得てから学校に行くことを考えたほうがいい。あるいは、進学ではなく就職するという選択だってあります。就職して仕事をしながらお金を貯めて、改めて大学に入ることを考えてもいいのです。

最近では、返す必要のない「奨学金」の制度も増えてきました。多くの人が借りることのできるローンとは違って、進学する明確な理由やそれまでの成績、進学してからも一定の成績を維持しなくてはならないなど、いろいろなルールがありますが、進学を考えるときには、こうした奨学金制度も視野に入れるとよいでしょう。

教育ローン

自分のお金で学校に入り直す

外国では、就職して学資を貯めてから、改めて大学や専門学校に入学して勉強をするという人がたくさんいます。これまでの日本では少なかったけれど、今後はそうした選択肢も増えるかもしれません。

4章でも書いたとおり、終身雇用の時代は、就職さえすれば安定した収入が保証されますから、教育ローンの返済もそれほど難しくなかった。けれど状況が変化しつつある昨今、たとえ大学に進学しても、安定した収入の得られる職に就けるとは限りません。また、就職はしたものの、途中で辞めてしまえば、返済が行き詰まるのは目に見えています。

一方で、それは中途採用などを利用して転職するチャンスが増えたということでもあります。社会人になって仕事をして、自分でお金を貯めてから、もう一度学校に入って学問をして、改めてより条件のいい企業に就職するという、外国ではごく当たり前なことが、日本でもやりやすくなったということでもあります。

何を勉強したらいいのかもよくわからないまま、なんとなくみんなと同じように教育ローンを借りて進学するよりも、自分でお金を貯めて必要に応じて入り直すほうがずっと合理的だと僕は思います。

借金はトランポリン

家を買うときの借金、住宅ローンでも同じことが起きています。「頭金0円でも買えます」「退職金で完済できます」「みんなもやってるから大丈夫」といった耳に響きのいい言葉に乗せられて無理な返済計画を組んでしまい、結局支払えずに破産し、念願のマイホームを手放す人が増えています。

もちろん、借金をあたまから否定するつもりはありません。借金も僕たちの社会における重要な経済活動のひとつです。

だからといって、簡単に借金をしてもいいとは、やはり思いません。

何度もいいますが、借金は何があっても返さなければいけないお金だからです。
借金についてしっかりした考えを持つことは、お金と上手に付き合っていくために重要なことだと僕は思っています。

お金を借りるということは、トランポリンに乗るようなもので、自分の力だけじゃ飛べない高さまでジャンプさせてくれることがある。自分で会社をはじめたいときや家を買いたいときに、とても役に立つ。でも、より高く飛んでしまってちゃんと着地できなかったら、受けるダメージはとてつもなく大きいし、自分の周りの大切な人の人生まで壊してしまいかねないということを理解してほしいのです。

お金を借りるときというのは、ほとんどの場合、絶対に返せるという保証がないときです。返せないかもしれないお金を借りることの怖さを、君たちにも知っておいてもらいたい。まずは自分の頭で考える。本当に必要なのか、返せるのか、返せないのか、何度も何度も考える。じっくり考えもしないで借りてしまうと、取り返しがつかないことになります。

20億円と200億円の借金

そんな、借金が大嫌いな僕も、人生で3回ほど大きな借金をしたことがあります。さいしょは結婚したあとで住宅ローンを借りたとき。

2回目は40歳で独立して自分のファンドを立ち上げたとき。もっとも尊敬する経営者の一人であるオリックスの創業者、宮内義彦さんにも協力いただいて、マンションの一室で仕事をはじめたときのことです。宮内さんからは、「ファンドには、仕事に対する覚悟を見せるためにも、預かるお金の最低10％分は自分のお金を出すように」というアドバイスを受け、設立当初からそのアドバイスを守っていましたが、ファンドが急速に大きくなり、とうとう自分の手元にあるお金では10％分を出すことができなくなってしまったことがありました。そのとき、もう一度宮内さんのところにお願いに行き、僕個人がオリックスという会社からお金を借りて、自分のファンドに出資することにしたのです。

そのとき借りたのが20億円。

その20億円を借りるために、僕はその頃持っていた資産のほとんどすべてを担保に入れ、さらにオリックスを受取人とする生命保険にも加入しました。オリックスは、生命保険までかけて、僕に何があっても貸した分をきちんと回収できるようにしてから、お金を貸してくれました。

お金を借りるというのは、こういうことです。基本的に、何があっても相手に返さなくてはいけない。これは、絶対に忘れてはいけないことです。

ファンドはとてもうまくいき、生命保険にまで入って借りたお金も無事に返すことができました。そんななか、大きなチャンスがめぐってきます。僕には日本の株式市場をあるべき姿に変えたいという強い想いがありましたが、そのとき目の前にやってきた仕事は、まさに日本を変えるきっかけになるような大きなプロジェクトでした。

そのために今度は200億円の借金をする決意を固めます。大嫌いな借金だけど、ミッション達成のため、人生に一度の大勝負をするためには必要だったから、覚悟をしました。結局、途中でいろいろなことが起きて、借金をする前に勝負は終わってしまいました。でも、200億円という大きな借金をして勝負をしようと決めたときに抱いた、「負けたらいままで築いてきたものがゼロになるどころか、マイナスになってしまう」という不安、「家族に大きな迷惑をかけてしまうかもしれない」といった何ともいえない恐ろしい気持ち。これはいまだに忘れることができません。

僕は借金をするときに、どうやったら返せるか、返せなかったらどうなるか、何度も考えました。そして100％とはいえないけれど、どうにか返せるだろうという確信と自信を持てたとき、さらに返せなかったらどうなるかを理解したうえで、覚悟ができたからお金を借りました。借りる額や返す時期も慎重に検討しました。繰り返しますが、借金が悪いといっているのではありません。でも、返せなかったらどのようなことになるかということを十分に理解してから借りないと、思いもよらない地獄の扉を開けてしまうことになるのです。

〈番外編〉最後のビフテキ

お金との付き合いには、覚悟を問われることが多くあります。その原点ともいえる経験が、僕には子ども時代の記憶として刻まれています。

ある日のこと、夕食の席に着くと和田金《わだきん》という有名なお肉屋さんのビフテキ（関西では、牛のステーキのことをビフテキと呼んでいました）がいつもよりたくさんテーブルに載っていて、父が「とにかく今日は好きなだけ食べなさい」といいました。なんだろうと不思議に思っていると、「これが最後のビフテキになるかもしれない。俺は大勝負に出る。だから今晩は思う存分食べなさい」というのです。

投資家だった父は儲けたり、損をしたり、いろいろありました。そうした仕事のことを比較的わかりやすく子どもに話してくれる人だったので、「今日はこんなことでこんなに儲かった」とか「こんなふうに損をしてしまった」とか、そんな話題が食卓では当たり前に飛び交いました。このビフテキ事件のとき、僕は小３くらいで、まだそんなに詳しくいろいろとわかっていたわけではないけれど、父の様子がいつもとまるで違うことだけははっきりとわかりました。

そして、「あぁ、もう二度と大好きなビフテキが食べられないのかもしれない」「いままでと違った暮らしになるのかもしれない」と、それまでに感じたことのない不安に襲われたことを覚えています。

あとからわかったことですが、そのとき、父は、「香港フラワー」というプラスチックの造花をつくる事業に投資することを決めていたのです。ビフテキ事件から半年か1年くらい経ったときに「俺の工場を見に来い」といわれ、香港までその父の工場とやらを見に行ったことがありました。

いまから50年近く前のことです。父の投資は成功していました。ビルの一フロアを占める工場には何百人という女の子たちが働いていて、みんなで造花をつくっていました。でも、工場に入ったとたんに頭がクラクラするくらいきつい薬品の臭いが漂ってきて、僕は具合が悪くなってしまいました。

こんな劣悪な環境で自分と同じ歳くらいの子どもたちを働かせるなんて。父親がひどく悪いことをしているような気がして「この工場はおかしい。こんな環境で女の子たちを働かせるのはかわいそうだ。こんなことしちゃいけない」と、僕は父にはっきりいいました。成功した投資の現場を子どもに見せようと上機嫌だった父が、ものすごく嫌な顔をして黙り込んでしまったことを覚えています。結局父は、半年後くらいにその事業を売ってしまいました。

事業を売って父は多少のお金を得たようでしたが、その後香港フラワーは一大ブームを迎えます。もし父がもっと長く保有していたら大きな儲けとなっていたでしょう。父は後々まで、「お前に余計なことをいわれて大儲けし損ねた」と冗談交じりにいっていたものです。

父は、僕がもう少し大きくなってからは、こうした仕事の現場に頻繁に連れていってくれました。投資先の検討のために、３週間ほどアメリカやメキシコに滞在した際にも同行しました。もちろん仕事によっては子どもに現場を見せるのが難しい場合もありますが、親の仕事を見ること、それについて意見交換をしたり、疑問に答えてもらったりしたことで、僕は世の中の仕組みやお金について、自然に小さな頃から興味を持ち、学ぶことができました。

7

とっておきのお金の使い方

お金がもっとも輝くとき

ここまで書いてきたように、僕は子どもの頃からお金を増やすことに人生を懸けてきました。投資家になってからは、僕のお金だけではなく、どうしたら日本全体のお金が増えていくか、日本の経済が良くなって社会全体が豊かになるかを考えながら投資を行ってきました。ファンドマネージャーを辞めてからこの10年ほどは、さらに積極的に社会を良い方向に変えるためにお金を投じてきました。社会貢献活動や、夢を追いかけるベンチャーに投資をすることによって、社会のお金のめぐりを良くすることに貢献しようとやってきました。お金は稼いで貯めて、回して増やす。増えたらまた回す。このサイクルをぐるぐる途絶えさせないようにする。貯めて増やすだけでは意味がない。その先にどう社会を良くするために回していけるかが一番大事です。

少し前に、エイズという病気は２０３０年までに根絶することができるかもしれないという記事を読みました。

エイズというのは、HIVというウイルスが引き起こす病気で、これまでに全世界で何千万人という人の命を奪ってきました。最近の調べでは年180万人がこのウイルスに新たに感染しています。

その記事によれば、7500億円程のお金があれば、その恐ろしい病気を世界から一掃できるというのです。

その話を知ったとき、僕の心臓はドキドキしました。

7500億円全部は無理だけど、その一部なら自分のお金でなんとかできるんじゃないかなと思ったからです。僕が増やしてきたお金が、世界からエイズを撲滅するのに役立つとしたら、こんなに嬉しく素敵なことはありません。それこそお金に、その本当の力を発揮させることができると思いました。

お金があれば、解決できること。そういうことは他にもたくさんあります。

世の中にはたくさんの困っている人がいるし、たくさんの問題があります。

それぞれに仕事や生活があるから、誰もが現場に乗り込んで直接支援をしたり、自分の持っているスキルを提供することは難しいと思います。生活費のなかから寄付をすることだって、実際にはそんなに簡単ではありません。でも、たとえば先ほどのエイズの事例で考えれば、世界の人口がいま76億人程度ですから、一人が100円ずつ寄付すれば、7600億円という巨額の資金になる。ジュースを一本我慢すれば出せる金額が、知識と専門の技術を持った人たちに託《たく》されることによって、命を脅かす恐ろしい病気を根絶するために役立つ。君の100円が、世の中を変えるのです。

一人の人間の力は小さくても、集まれば大きな力が生まれます。

お金も同じです。

お金という道具は、そういう使い方をしたとき、つまりみんなの力を集めて世の中のためになるように生かしたときに、とてつもなく大きな力を発揮し、輝くのです。

寄付をする理由

お金はこう使わなければいけない、という決まりがあるわけではありません。自分で稼いで、自分で貯めて、自分で増やしたお金は、自分の好きなように使えばいいのです。この本で伝えたいのは、お金という道具を上手に使って、幸せに生きるということ。僕も君が、君のお金をどう使うべきかを教えようなんてつもりはありません。

あくまでも「おまけ」ですが、君が将来、たくさんのお金を手にしたときに、どんな使い方があるかを考えるひとつの選択肢として、僕が経験したことを話したいと思います。

僕自身は、若い頃はボランティア活動とか寄付というものには、ほとんど関心を持ったことがありませんでした。

誰かのために、自分の時間やスキルを無償で提供するのがボランティア活動です。自分が稼いだお金を誰かに提供するのが寄付です。

僕は若い頃、正直にいえば、そういうことにどんな意味があるのか疑問を抱いていました。その考えを変える大きなきっかけをくれたのは妻です。敬虔《けいけん》なクリスチャンの家庭で育った彼女は、街角で募金箱を持っている人を見かけるとかならず寄付をする人でした。教会に行って募金箱が回ってきてもかならずお金を入れる。大切なお金を寄付してしまうなんてもったいない、なぜそんなことをするのか僕には理解できませんでした。そのことでよく議論をしたものです。

ある日、駅の前で募金活動をしている人たちがいて、例によって彼女がお金を寄付したとき、僕はこういいました。

「この人たち、嘘をついているかもしれないよ。寄付したお金が、本当に誰かの役に立つならいいけど、それを確かめることなんてできないんだから。そんなに簡単にお金をあげてしまって大丈夫なの？」

「大丈夫かどうかはわからない。でも、どこかに困っている人がいるのは事実だし、自分としてはできる限り協力したい」

妻はそういいました。彼女にとって寄付は自然なことでした。

騙されているかもしれないのに、お金をあげるなんて……僕は不思議でたまりませんでした。

不思議なことがあると追求したくなるのが僕の癖なので、聖書を読んでみたりもしました。収入の10分の1は社会に還元すべきだという考え方があるということも知りました。また、欧米社会にはノブレス・オブリージュといって、財産、権力、社会的地位に恵まれた人は、弱者を支援する義務があるという考え方があることも知りました。

かといって、それで彼女の行動が100％理解できたわけではありませんでした。寄付をすることに反対しているのではありません。寄付したお金がきちんと目的どおりに使われるのかどうかわからない状態で寄付をすることがやっぱり納得できず、もやもやした気分でいました。僕にとってお金は大切な道具であり、買い物をするのだって好きじゃないのに、はっきりと何のために使われるかもわからないままお金を渡してしまっていいのだろうか？　でも、そんな彼女を長く見ている間に少しずつ僕の気持ちにも変化が起きてきました。

せっかく寄付をするならどういう団体があって、どのようにお金が使われているかを知りたい。そもそも世の中にはどういった問題があって、なぜ募金活動をするために人が街角に立っているのかを知りたい。一旦興味を持つととことん勉強したい僕は、役所に勤めていたときに知り合った、社会貢献活動をしている人を通じて、日本における社会貢献活動の実態を勉強しはじめました。そして、一見幸せそうな日本にも、そして遠く離れたところでも、実に多くの問題があり、さまざまなサポートが必要であることを学びました。

何よりも衝撃的だったのは、必要とされているところにお金が流れていないという事実でした。これはおかしいと僕は考え続け、自分がやるべきは、ここでも「お金が流れる仕組みづくりに貢献することだ」という結論に至りました。それで2007年に、「チャリティ・プラットフォーム」という非営利団体を立ち上げました。

チャリティ・プラットフォームは、多くの人から継続的に寄付が集まる仕組みづくりを支援する団体として活動をしています。なぜ僕が直接、いろいろな団体へ寄付しないのか不思議に思う人もいるかもしれません。僕が後に設立した村上財団からは、団体への直接の支援を行っていますが、チャリティ・プラットフォーム設立時は、何よりも僕がいなくなっても活動が続けていけるように、資金不足のせいで活動を続けられなくなる人がいないように、僕の寄付を「お金を生むお金」として使ってほしいと考えました。

一人が寄付する100万円と200人から集めた100万円

たとえば、僕が犬の保護団体に100万円を寄付したとしましょう。団体は僕が寄付した100万円を、いま保護している犬たちの注射やご飯代に使い、そのお金は4ヶ月でなくなってしまうとします。僕はまた100万円を寄付します。また4ヶ月でなくなってしまいます。では僕が何らかの事情で寄付をできなくなってしまったら？　この団体、そしてそこで保護されている犬たちは、立ちゆかなくなってしまいます。それはとても残念なことだし、一番の問題点はここにあると思っています。だからこそ、僕は100万円を、「団体のことを一人でも多くの人に知ってもらう」ために使ってほしいと考えるのです。寄付集めは、「知ってもらう」ことがスタートです。街にポスターを張る、ホームページをつくる、宣伝が上手な人を雇う。いろいろな方法があると思います。そして、一人でも多くの人から毎月もしくは毎年、少しずつの金額を続けて寄付してもらうことのできる仕組みをつくってほしいのです。
「3本の矢」という話を聞いたことがあるかもしれません。同じ100万円でも、僕一人が寄付する100万円と、200人から集めた100万円では、強さが違うのです。僕一人の寄付は僕が寄付できなくなった瞬間におしまいだけど、200人からの寄付は、突然一気になくなることはまずない。

僕は、広く長く寄付を集める仕組みをつくる役割を担いたいと考えています。団体が温かい気持ちを持った人たちを一人でも多く見つけて継続的な活動ができるようになってほしいと願っているのです。車だって、車そのもの、運転する人、ガソリンなどがそろわないと前に進みません。社会貢献も、いろいろな人がいろいろな方法で関わって初めて「活動」になるのです。僕は「仕組みづくり」が、いまの日本の非営利団体の活動を支えるためにとても大事なことだと考えているから、その面で少しでも貢献したいと思っています。

ひとつ具体的な例をお話しします。2018年7月、かつてない豪雨が日本各地を襲ったとき、僕は広島にいました。チャリティ・プラットフォーム設立準備を通じて知り合い、これまでにいろいろなことに一緒に挑戦してきた特定非営利活動法人ピー

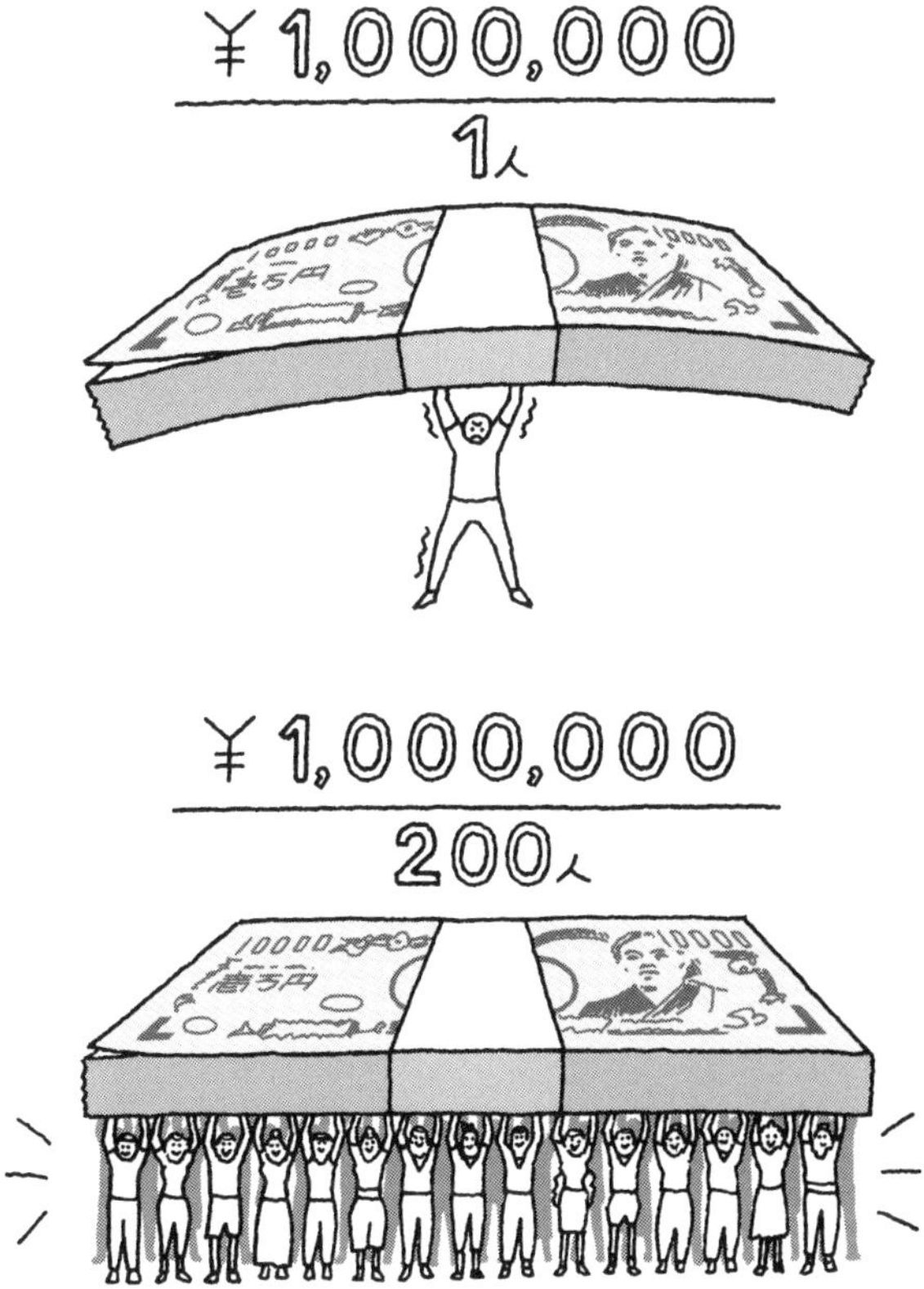
¥1,000,000
1人
¥1,000,000
200人

スウィンズ・ジャパン代表の大西健丞《けんすけ》さんと打ち合わせをしていたからです。そのときすでに雨は降りはじめていましたが、僕が東京に戻ってから、さらにひどくなり、僕はすぐに大西さんに連絡を入れました。予想される被害の規模と、初動に数千万円が必要という説明を聞き、すぐに寄付を約束すると同時に、「一刻も早く現場での支援活動を開始してほしい」とお願いしました。僕自身が広島に引き返してボランティア活動に加わることもできましたが、初動段階で、緊急災害支援のプロではない者が現地に乗り込んだらかえって足手まといになってしまう可能性があると考えて、時期を改めることにしました。そして、より多くの人に状況を知ってもらい、支援をしてもらうために何をすればいいのか考え、村上財団からは取り急ぎ１００万円分の支援物資の送付を行い、それに加えて「マッチング寄付」を行うことを決めました。

「マッチング寄付」とは、誰かがピースウィンズに寄付を行うと、同じ金額を村上財団も寄付するという仕組みです。つまり団体には2倍の額が届くようになります。村上財団から直接寄付をすればそれでいいではないか、と思うかもしれません。でも、自分の１０００円が２０００円に、５０００円が1万円になって支援したい団体に届くとなれば、「寄付しよう」と思う人も増えるはず。

この寄付はYahoo! JAPANのネット募金を通じて行われ、支援状況が随時《ずいじ》、動画で紹介されました。約10日間で2万人から2000万円ほどの寄付が集まり、財団からのマッチング寄付の1000万円と合わせて、約3000万円が支援に充てられました。そして、今回寄付をしてくれた彼らの多くは、寄付を継続する手続きをしてくれています。

「3本の矢」の話をしましたが、こうして一人でも多くの人に知ってもらうこと、支援を継続してもらうための情報発信とコミュニケーションが、何より日本の非営利団体において大事なことだと僕は思っています。

お金を生み出さない時間にも意味がある

お金の使い途から少し話はそれますが、寄付と同時に僕が取り組むようになったのがボランティア活動です。昔の僕だったら、1円のお金にもならないことをして何が楽しいのかと不思議に思ったかもしれません。

たしかにボランティア活動は、お金を生み出しません。そのことに使う時間を、お金をさらに稼いで増やすことに使ったほうが、世のためになるんじゃないかと、昔の僕は考えていました。僕が稼いだりお金を増やしたりするたびに、国に税金を納めるのですから。その税金を使っていろいろな問題が解決されるほうがいいのではないか。そもそも国の経済がしっかりしていなければ、募金活動もボランティアも砂漠に水を撒《ま》くようなもので、根本的な問題解決にはつながらないだろう、と。

しかし社会貢献の勉強をはじめると、考えが変わりました。国がすべての問題を解決することはできないし、国を頼るのではなく、自分たちでやれることもあるだろう。自分たちにしかできないこともある。そしてその活動を支援していくことは、僕の「日本におけるお金のめぐりを良くする」というミッション達成のためにも欠かせないと思うようになったのです。

この10年はいろいろなボランティアに参加してきました。グリーンバードという団体のゴミ拾いをはじめ、東日本大震災のときには現地へ炊き出しに行って、ハンバーグを1000個焼いたり、トラック何十台分の物資をかき集めて送ったりもしました。昔の僕だったら、お金を生み出さないことに時間を使うなんてことはしなかった。でも実際に活動すると、誰かに直接「ありがとう」といってもらったり、ゴミを拾ってきれいになった街を見たり、みんなで汗をかく時間は、自分にとって決して無駄なものではないとわかったのです。ミッション達成のためにとはじめた社会貢献も、実は自分にとって、それ以上に意味のある活動だったのです。仕事を離れた場での人との出会いや声のかけ合い、自分が誰かのために何かできているかもしれないという気持ちを持てる時間は、人生の豊かさの一部分になっています。

「寄付させてくれてありがとう」

日本における社会貢献や、チャリティ先進国であるイギリス、アメリカの事例も勉強するうちに、自分が大好きな投資も社会貢献も、「何かの目的を達成するためにお金を託す」という意味では同じだと考えるようになりました。違いは、リターンがお金であるかどうかという点だけです。

社会貢献という投資の目的は、そのお金が誰かの、そして将来のより良い暮らしのために有効に使われること。寄付をして、「誰かの役に立てた」と思えるその気持ちこそが、リターンとなります。それは目に見えないし、寄付したお金は返ってきません。でも温かい気持ちが自分のなかに残るのです。

そう感じるようになってから、自己満足かもしれませんが、僕はさらにいろいろな支援をするようになりました。

一方で、支援をすれば、かならず心が豊かになるとは限りません。正直にいって、嫌な想いや悲しい想いをすることもあります。残念なことですが、なかにはお金や名声のためにその分野で働いている人や、上手にお金を使うことのできない人もいるのです。実際には支援したお金がその活動のためにほとんど使われていなかったケースもありました。また、お金がどのように使われたかをきちんと説明してくれないケースもありました。説明をしてほしいと伝えると、「日々の活動に追われて説明をしている時間はない」といわれました。

たしかにみな忙しく現場で活動しているので、時間がないというのもわからないわけではありません。でも寄付をしてもそのお金が誰かの役に立っているのかわからないままでは、「寄付を続けよう」「もっと寄付しよう」という気持ちでいるのは難しい。

「誰かの役に立てた」という実感が持てず、団体をサポートしていた人たちが寄付をやめてしまったら、このとき困るのは団体ではなく、団体から支援を受けている人たちなのです。だから、団体はその人たちのためにも、寄付者とのコミュニケーションを大切にしなくてはならない。コミュニケーションに多くの時間を割くことができないのであれば、そのことを伝え、理解してもらわないといけません。継続的な支援においてもっとも大切なのは、信頼関係なのです。

互いに信頼関係を築くことができ、僕が長年にわたって支援を続けている団体ももちろんあります。彼らはお金を上手に使って、僕の想いをカタチにしてくれています。彼らには心から感謝しています。お金を寄付すると、「ありがとうございます」といわれます。でも、僕は逆だと思っています。感謝をするのは寄付をした僕のほう。彼らは僕の代わりに現場で働いて、困っている人を助けたり、世の中の問題を解決しようと努力したりしてくれているわけですから。忙しくて現場に行くことはできない、必要とされるスキルがない、でも何かしたいと思うときに、人はお金という道具を団体に託します。彼らはそのお金という道具を、最善の方法で使い、寄付した人の想いをカタチにしてくれるのです。ありがとうといわなければいけないのは、僕のほうなのです。自分が心から「ありがとう」といえる団体を見つけること。そういう団体と出会えたなら、寄付は君の心に豊かさをもたらしてくれるでしょう。

僕は、すべての人に寄付をしなさいといっているわけではありません。まずは自分の生活を整え楽しみながら、不測の事態に備えてある程度の貯金をする。何よりもそれが一番大切です。でも、少しゆとりができたら、ぜひ人のため、世のために使ってみてください。お金が大好きな僕がいろいろな使い方をしてきたなかで、お金がもっとも輝くのはやはり人のために使ったときだと思うのです。

そうはいっても、使い方も価値観も人それぞれ。一番大切なのは、自分の心が豊かになるお金の使い方をすること。それが何より重要なことなのに、実は一番難しいのです。だから、大人になって社会へ出る前に、一生懸命考え、挑戦し、いろいろな経験を積んでください。自分を本当に幸せにしてくれるお金の使い方は何なのか、そのためにはどんな仕事をしてどんな生活をすればいいのか、答えを探し続けてください。正解はないし、さまざまなカタチがあって良い。さらに変わり続けるかもしれない。それでも、「何が自分にとって幸せなのか」を常に考え、お金ではない基準をしっかりと自分のなかで持ち続けることが、お金に振り回されず、上手に付き合っていく一番の秘訣です。

あとがきに代えて
——僕の新たなお金の使い方

ここまで本を読んでくれた君の「お金」に対するイメージが、「面白いもの、楽しいもの」とか、「考えるとワクワクするもの」となってくれていたら僕はとても嬉しく思います。まだそこまで思えなくても、いままでより興味を持ってくれたら、まずはそれだけでも十分です。

この本は、僕が日本に帰るたびに各所で行っている「お金の授業」を通じて見えた、日本の子どもたちと「お金」の関係をもとに、みんなが知りたがっていたこと、僕が伝えたいと思ったことを書いています。「お金」について授業をしているのは僕ですが、実際に子どもたちとやりとりをするなかで、僕自身が学ぶこともたくさんあります。みんながどうやってお金と向き合っているか、何を疑問に思っているか、何を知りたいと思っているか……。授業を行うたびに新しい発見があるから、きっとこの本では伝えきれていないこともたくさんあると感じています。だから、また数年後、「お金の授業」を通じて僕が新たに学んだことを、この本を改訂したり続編を出したりするような形で伝えていきたいと思っています。

そしていま、きっと君は、「どうやったらお金を増やすことができるのか、もっと具体的に知りたい」と思っているでしょう。この本ではまず、「お金」とその流れについてきちんと理解してもらうこと、自分の生活とお金の関係を考えてもらうことを目的としました。具体的にどうやって増やすか、というのは次の段階の話です。それまでの間、ぜひ「お金の授業」に来てもらったり、この本を読んで自分なりに考えたりして、物事を数字で考える、期待値で考えるというクセをつけておいてほしいと思います。

さいごに、僕のこれからのお金の使い方について話します。僕の人生を振り返ると、貯める・増やすという時期が長かった。小さな頃は貯金魔で、そのあとすぐに株式投資でお金を増やしはじめ、社会に出てからはお給料を貯めながら株式や不動産への投資を続けました。「上がりはじめたら買え、下がりはじめたら売れ」という父の教えを守っていた僕は、バブル崩壊の痛手もさほど受けずに、順調に資産を増やしました。
そして、貯めたお金をつぎ込んで自らファンドを設立しました。

ファンドの運営中は、その仕事の性質上、「貯める・増やす」がごちゃ混ぜになっていました。ファンドマネージャーの覚悟と自信の証明として、持っているお金のほとんどをファンドにつぎ込んでいたため、ファンドの業績がいいと僕のお金も増えるのですが、増えた分で贅沢《ぜいたく》をするというようなこともさほどなく、さらにファンドにつぎ込む＝お金を回すということを繰り返していました。「貯める・増やす・回す」が明確な境もなく、ぐるぐると続いていたのです。

設立から7年ほど経って、ファンドをたたむことにしました。このとき、僕の資産はとても大きくなっていました。ファンドがなくなったことで、突然、「貯める・増やす・回す」のサイクルがストップしてしまったのです。早速、社会貢献をはじめました。そして徐々に、今度は自分のお金だけで、不動産や株などへの投資を再開しました。日本の介護事業、アジアの不動産事業、飲食業や海外の国債、アメリカのベンチャー企業など、自分が興味を持つことができ、期待値の高いものを見つけては投資をしてきました。なかには大失敗したものもありますが、全体で見れば資産は順調に増え続けてきました。

僕はもうすぐ、60歳になります。そして手元には投資によって増えたお金がたくさんある。この先もずっと、いままでと同じお金の使い方でいいのか。もっと他にできることはないのか。日本の子どもたちに「お金の授業」をするようになってから、僕自身も自分の「お金」の使い方について再び考えをめぐらせるようになりました。子どもたちの話を聞いていると、日本の子どもたちは「お金」と向き合うチャンスをほとんど持っていない。子どもが日々お金のことを考えなくてもいい世の中はある意味幸せですが、僕は社会が豊かになればなるほど、子どもの頃から「お金」と積極的に関わり、「お金」について学ぶ必要があると思うのです。

そこで僕は決めました。僕のお金を、「子どもたちがお金と向き合うきっかけになるようなことに使おう」と。家族も賛成してくれています。いまはまだ、いろいろな専門家に相談しながら実際に何ができるのかということを考えている最中ですが、何らかの形で子どもたちにお金を提供したりしながら実際に投資の体験をしてもらう、そんなことができたらいいなと思っています。その投資で失敗しても成功しても、それが君の将来と、日本の将来にとって、とても意味のある体験になるはずです。

僕のビジョンである、「よりしなやかで、誰にでもセーフティネットのある元気な日本」というゴールは変わりません。ミッションはいまでも「日本のお金の流れを良くすること」です。そのための仕事を選び、カタチを変えながらも投資を続けてきました。でも、僕一人が頑張っても、やはり限界があります。日本を変えていくためには、一人一人の考えが変わらなければいけません。大人になってしまってから、身についたお金の感覚を変えるというのはとても難しい。だから、子どものうちに真剣にお金に向き合い、「稼いで貯めて、回して増やす。増えたらまた回す」というサイクルの大切さを感じてほしいのです。その機会を提供し、みんなの感覚が変わることで日本が元気になる可能性に懸けてみたいと思うようになりました。この未来への投資を、僕の新たなお金の使い方にしようと思っています。

僕が「小さい頃に投資の経験をしてほしい」と考えるのは、社会に出てから、自分の生活費の一部をいきなり投資に回すというのは、とてもハードルが高いことだからです。それよりも、生活費の心配をしなくていい間に、失敗しても困らないお金を使って、ゆとりを持って楽しく投資に挑戦《ちょうせん》してみてもらいたい。投資をはじめる前に、十分に「お金」の勉強ができている必要はありません。なぜなら、実際の「投資」を通じてたくさんのことを学ぶことができるから。バーチャルで投資するのとは違って、実際にお金を投じる経験は、君にとって、「お金」との距離を縮めるまたとない機会となるでしょう。そしてその経験は、きっと宝物になる。

みんなが貯金と併《あわ》せて資産の一部を当たり前のように「投資」する社会になれば、日本もより豊かになるでしょう。そのために、僕はいま考えているプロジェクトを通じて、100万人の子ども投資家育成を目指します。10代のうちに「お金」と真剣に向き合い、お金を「回す」ことに慣れ親しんで社会へ出ていく人が増えれば、日本は変わるでしょう。100万人の子どもが、将来全員投資家になる必要はありません。でも、繰り返しになりますが、稼ぐことと同じように「投資」をすることが当たり前となり、社会のなかでお金を回す人がどんどん増えていけば、日本全体がより豊かになっていくと信じています。

この「豊かさ」とは、お金の面だけではありません。お金が上手に社会のなかで回りはじめると、個人の生き方の選択肢や夢を叶えるチャンスが格段に増え、社会のセーフティネットが充実します。みんなの心も元気になって、いまよりも安心してのびのびと暮らせる社会になるはずです。

そのお手伝いをすること。これが、ミッション達成に向けて、新たに増えた取り組みです。この本が、より元気でしなやかな日本社会の実現に向けて、少しでも役に立てれば、これほど幸せなことはありません。

2018年8月

村上　世彰

文庫版のためのあとがき
「子どもの投資教育・実体験プロジェクト」について

２０１８年のこの本の出版と同時に、私は子どもたちに投資の機会を提供する「子どもの投資教育・実体験プロジェクト」という取り組みを始めました。中学生・高校生に、投資資金を村上財団から渡し、実際に株式投資をしてもらおう、というプロジェクトです。

この本で伝えたかったことの一つは、「お金は世の中のすべての動きとつながっている」ということです。お金と仲良く暮らしていくためには、お金が何とどのようにつながっているのかを自分なりに考え、理解することがとても大切だと私は思っています。でも、突然そんなことを言われても、どうしていいのかわからないというケースが大半ではないでしょうか。

私は、その答えは「株式投資」にあると思っています。

株式投資をすると、毎日自分のお金が増えたり減ったりするので、「何でだろう?」と考えるようになる。何か投資先の業績に関連するようなニュースがあったかな、もしかして為替が動いたせいだろうか、そういえば石油の値段が下がっているな……などと、情報を集めるようになる。

それを続けていくと、「風が吹けば桶屋が儲かる」という言葉が昔からあるように、一見関係ないと思われること、遠くのどこかで起こった出来事が、自分の資産に影響を与えていることに気が付きます。こうして自分なりに、お金と世の中の動きとのつながりを理解し、経験を積んでいくことで、手元にあるお金を増やしていくことができるようになります。そして、そうした経験は、なるべく若いころから積む方がいい。

でも、「株式投資をしてみよう」といっても、そのハードルは高い。証券口座を開いて、いいなと思う株を買うだけなのですが、それがとっても難しく思えてしまうし、そもそも大切な自分のお金がなくなっちゃうかもしれないという恐怖心で、始められない人がほとんどです。それだったら、「株が下がって損をしても自分のお金が減らない投資資金」があればみんなもっと挑戦できるのではないか。そう考えて、その資金を私が提供することにしようと始まったのがこのプロジェクトです。

　もう一つ、この取り組みを通じて皆さんに伝えたいことがあります。参加者に配られる投資資金は、村上財団からの贈与です。でも、プロジェクトが終了する1年後、次のチャレンジャーにバトンタッチしてもらうために、余った投資資金は村上財団に寄付してくれるようにお願いしています。損をしたら手元に残った分だけ、利益が出たら最初に受け取った分だけを寄付してくれればいいので、リスクは全くありませんし、持ち出しもありません。でも、「資金を循環させる」ということを、ここで実践してみてほしいのです。手元に貯め込まず、有効に使われるところにお金を流していく。そのことも、学んでほしい。もし運用益が出ていて、元手を寄付しても手元にお金が残る場合、それをどう使うかも考えてほしい。さらなる投資に回す、夢のために使う、もしくは自分が支援する団体に寄付をする……。何にお金を使うことが、自分を幸せにしてくれるのか、それについてもじっくり考えてほしいと思います。

　このプロジェクトも最初の募集からそろそろ1年を迎えます。その間に、N高では僕が顧問を務め、投資資金も提供する「投資部」というものも始まりました。参加者からは、「子どもがニュースや新聞を見るようになった」「家族で楽しく『お金』について話すようになった」といった嬉しい報告を多くもらっています。

こうやって、少しずつでも、「お金」に対する感覚が変わっていくことが、日本の未来を支えていくと信じています。この本が、その一助になれば、これほど嬉しいことはありません。

2020年2月

村上 世彰

＊「子どもの投資教育・実体験プロジェクト」は、村上財団ホームページにて引き続き参加者を募集しています。

解　説——お金持ちになりたい人、手をあげて！

藤原和博

大人だって子どもだって、「お金持ちになりたい人、手をあげて！」と問いかければ、みんなの手があがるだろう。

でも、その方法論を実践的な経験によって知り尽くした人は少ない。その中で、お金の秘密を明かしてくれる人はめったにいない。だって、黙ってた方が得すると普通は思うからね（笑）。さらに、それをやさしく解説できるコミュニケーション能力を兼ね備えた人といえば、この本の著者の村上世彰さんくらいかもしれない。

村上さんは10歳の時、父親から自分が大学を出るまでのお小遣いをまとめていっぺんにもらい、最初の株式投資をしたという。「四季報」を読んだりして勉強し、大学卒業時には彼の資産は100倍に増えていた。ゲームプレーヤーのノリだったのだろう。

コツをつかめば、どんな子にもできるように感じてしまう。

この本は、ズバリ「お金の授業」の教科書だ。

まずはじめに、いきなり結論が示されるのがいい。「お金は寂しがりやで、ポッンと一人でいるのが嫌いなんだ。だから、お金は仲間のいるところに行きたがる。一人が二人になり、二人が三人になり……そんなふうに仲間が増えはじめると一気にドドッ、ドドドドドドッと集まってくるんだ」……父親の言葉だという。

「ドドドドドドッと集まってくる」って!?……私はこの言葉にしびれた。至言であり、金言であり、極意である。著者はその意味を徐々に解き明かしていく。

物々交換というお金が生み出された起源から話を始め、「お金の授業」は進む。物の値段はどうやって決まるのか？

どうやってお金を稼げばいいか？

会社に勤めるか勤めないのかを含めて、日本人の働き方が大きく変わる中での投資の意味とは？

リスクとリターンの関係は？

普段やってるゲームが投資の訓練になるってホント？

お金を借りる時に注意することは？

お金が最も輝く使い方って？

次々とやさしく、謎解きをするように説明してくれる。子ども以上に、むしろビジネスパーソンの父親、母親にとって目から鱗《うろこ》の内容だろう。


ご存じのように、もともと学校の先生はお金の話が不得意だ。

これまで怪しい不動産投資や儲け話で騙されたのも、学校の先生が多かった。だから、私が東京都で義務教育初の民間校長として杉並区立和田中学校に赴任した時も、たぶん校長リストがオイシイ営業対象として業者の間に出回っていたのだろう、校長室にはしょっちゅう怪しい勧誘の電話がかかってきた。

この本を教科書に「お金の授業」が広がっていけば、お金のリテラシーが高まり、お金に振り回される日本人も減る。家の中に死蔵される現金が減れば、振り込め詐欺に遭う被害者だって減るかもしれない。

私自身も、株式投資を通じて人生に必要な様々な教訓を得た。

元手100万円で30万円儲かったことに気を良くしてもっと張ったら、半分になってしまって損切りしたこともある。株式投資には性格が露骨に出るから、自分の内面を見つめ直す良い研修機会になるのだ。

原則は「安い時に買って、高い時に売ればいい」はずだ。そんなことは小学生にだってわかる。ところが、それがなかなかできない。上がっているともっと上がるんじゃあないかと期待して売れないし、下がっているともっと下がるんじゃあないかと不安になって買えないからだ。

この本では損切りのコツも伝授している。私のように何度か損切りした経験のある人は、ビジネスや人生に必要な「潔さ」を学んでいるといえるかもしれない。

また、私は中学校の民間校長になる前から「よのなか科」というアクティブラーニング（主体的、対話的で深い学び）型の授業を開発し、普及活動を続けてきた。

きっかけは、中学校の「公民」の教科書をたまたま手に取ったこと。「公民」の教科書で生徒は初めて「経済」「政治」「現代社会」を体系的に学ぶのだが、経済の章は「貨幣とは？」から始まっていて、和同開珎《わどうかいほう》の写真が載っていた。私たちが生きるビビッドな経済社会が、これでもかというくらい面白くない表現で解説されていて、子どもをわざと「世の中嫌い」にさせる意図があるのかなと勘ぐったほどだ。

だからそのアンチテーゼとして、子どもに身近な世界から「経済」「政治」「現代社会」を説き起こす『人生の教科書［よのなか］』（筑摩書房）を社会学者の宮台真司さんと一緒に執筆し、教室でのブレストやディベート、ロールプレイやプレゼンを通じて、思考力を高める教科を創作した。

例えば「経済」は、ハンバーガー1個から語り起こす。「ハンバーガー屋さんの店長になったとしたら、この地図上で、君なら一体どこに出店するかな？」と問いかけ、グループに分かれて知恵を出し合い、のちに自分たちの考えを発表するのだ。

儲かる店になるかどうかは人の流れを捉えられるかどうかで決まるから、駅の乗降客数や道路の交通量、夜間人口（住人の数）や昼間人口（通勤や通学で街を訪れる人の数）を分析しなければならない。教室から、駅に電話して乗降客数を調べるのも授業の一環だ。

実際にハンバーガー会社の出店責任者や子どもたちに馴染みのあるお店の店長をゲストに迎えるような立体的な構成も可能だから、「よのなか科」は世の中に開かれた授業になる。

出店する場所を決めた後は、100円のハンバーガーの売上と原価、人件費と利益の関係を学ぶ。次に、原材料の牛肉やパンの小麦はどこから輸入しているかを学べば、そこから円高と円安についてもやさしく解説する授業展開が可能だ。

さらに、同じ100円で、100均ショップで売っているもののうち、最も価値があると思う商品を家族や同級生同士でプレゼンし合う中で、「付加価値」の本質も学べる。

もう一つ、本書のテーマとも関連する「よのなか科」の典型的な授業に、仕事による時給の差を表す図を示して、「稼げる大人になるためにはどうしたらいいのか？」を教えるものがある。

ハンバーガー店でのバイトなら時給は地方だと800円くらいからだが、サラリーマンや公務員、教員の一般的な時給は3000円から5000円、売れてる弁護士ならそれが3万円程度になり、マッキンゼーのシニアコンサルタントなら8万円まで上がる。

日本のお仕事の値段は、800円から8万円と100倍の差があることになる。では「どうやったら時給がより高い方に行けるのか？　何が稼ぎの決定要素になるのか？」を問いかける。

結論は、仕事の値段も需要と供給の関係で決まるということ。別の言い方をすれば、時給の高さは「希少性」によって決まるのである。

だから、稼ぎをアップするためには自分の「希少性」を磨かなければならない。

小・中学生や高校生に教える時には、彼らに馴染みのカードゲームの言葉を使い、「自分自身をレアカード化せよ！」というメッセージにして伝えている。

日本の学校教育は基本的に「みんな仲良く元気良く」を基調として、「早く、ちゃんと、できる」いい子、「上質な普通」の国民を育てる。でも本当は、みんなが一緒の方向に行けば、ドンドン自分自身の価値が失われる時代に入っているのだ。

村上さんもマスコミに散々叩かれた時期があるが、希少性が高いユニークな存在は後ろからついていく人がいないから、孤独な戦いに耐えなければならない。

これからの子育てで大事なのは、この、自分のユニークさにつきまとう孤独に耐えられる力だと思う。教育用語では「自己肯定感（セルフ・エスティーム）」というが、私はやさしく「根拠のない自信」と呼んでいる。

「根拠のない自信」こそ、親から子への最高のプレゼントになるだろう。

村上さんはこうも言っている。「僕はお金によって、幸せを得た人もたくさん知っていますが、人生が狂ってしまった人、お金持ちだったのに使い方を間違えて自分も周りも傷だらけになってしまった人、立ち直れないほどのダメージを受けてしまった人も、たくさん知っています」。

お金は、幸福になるための「道具」であると同時に「凶器」にもなる。

だからこそ今、お金の教育が必要なのだ。

村上さんが立ち上げた村上財団は「子どもの投資教育・実体験プロジェクト」をやっている。中学生や高校生と、その親御さんには良いチャンスだと思う。

——教育改革実践家／『僕たちは14歳までに何を学んだか』著者／元リクルート社フェロー／杉並区立和田中学校・元校長／奈良市立一条高校・前校長

この作品は二〇一八年九月に小社より刊行されたものです。
JASRAC 出 2002305-001

幻冬舎文庫

●最新刊
泣くな研修医
中山祐次郎

雨野隆治は25歳、研修医。初めての当直、初めての手術、初めてのお看取り。自分の無力さに打ちのめされながら、懸命に命と向き合う姿を、現役外科医が圧倒的なリアリティで描く感動のドラマ。

●最新刊
逃げるな新人外科医
泣くな研修医2
中山祐次郎

「俺、こんなに下手なのにメスを握っている。命を託されている」——重圧につぶされそうになりながら、ガムシャラに命と向き合う新人外科医の成長を、現役外科医がリアルに描くシリーズ第二弾。

●最新刊
ぼくときみの半径にだけ届く魔法
七月隆文

若手カメラマンの仁は、難病で家から出られない少女・陽を偶然撮影する。「外の写真を撮ってきて頂けませんか?」という陽の依頼を受けた仁。運命の出会いが、ふたりの人生を変えてゆく。

●最新刊
たゆたえども沈まず
原田マハ

19世紀後半、パリ。画商・林忠正は助手の重吉と共に浮世絵を売り込んでいた。野心溢れる彼らの前に現れたのは日本に憧れるゴッホと、弟のテオ。その奇跡の出会いが〝世界を変える一枚〟を生んだ。

●最新刊
生きていくあなたへ
105歳 どうしても遺したかった言葉
日野原重明

たくさんの死をみとってきて感じるのは、死とは終わりではなく「新しい始まり」だということです。105歳の医師、日野原重明氏が自身の死の直前まで語った渾身最期のメッセージ。

幻冬舎文庫

●最新刊
ご用命とあらば、ゆりかごからお墓まで　万両百貨店外商部奇譚
真梨幸子

万両百貨店外商部。お客様のご用命とあらば何でもします……たとえそれが殺人でも？　地下食料品売り場から屋上ペット売り場まで。ここは、私利私欲の百貨店。欲あるところに極上イヤミスあり。

●最新刊
すべての男は消耗品である。最終巻
村上　龍

34年間にわたって送られたエッセイの最終巻。現代日本への同調は一切ない。この「最終巻」は、澄んだ湖のように静謐である。だが、内部にはどう猛な生きものが生息している。

●最新刊
遺書　東京五輪への覚悟
森　喜朗

「東京五輪を成功に導けるなら、いくらでもこの身が犠牲になっていい」。再発したガンと闘いながら奮闘する元総理が目の当たりにした驚愕の真実。初めて明かされる政治家、森喜朗の明鏡止水。

●最新刊
すべての始まり　どくだみちゃんとふしばな1
吉本ばなな

同窓会で確信する自分のルーツ、毎夏通う海のヒーリング効果、父の切なくて良いうそ。著者が自分の人生を実験台に、日常を観察してわかったこと。人生を自由に、笑って生き抜くヒントが満載。

●最新刊
忘れたふり　どくだみちゃんとふしばな2
吉本ばなな

「子どもは未来だから」――子と歩いていると声をかけてくれる台湾の人々。スペインで食した生ハムとカヴァにみた店員の矜持。世界の不思議を味わえ、今が一層大切に感じられる名エッセイ。

いま君《きみ》に伝《つた》えたいお金《かね》の話《はなし》

村上世彰《むらかみよしあき》

令和2年4月10日　初版発行

発行人――石原正康
編集人――高部真人
発行所――株式会社幻冬舎
〒151-0051東京都渋谷区千駄ヶ谷4-9-7
電話　03(5411)6222(営業)
　　　03(5411)6211(編集)
　　振替00120-8-767643
印刷・製本―中央精版印刷株式会社
装丁者――高橋雅之

幻冬舎文庫

ISBN978-4-344-42975-8　C0195　む-11-1

幻冬舎ホームページアドレス　https://www.gentosha.co.jp/
この本に関するご意見・ご感想をメールでお寄せいただく場合は、
comment@gentosha.co.jpまで。